(사)한국어문회 주관 | 교육급수

한자능력 검정시험

5급

기출·예상 문제집

배정한자 ➕ 기출문제 완벽 반영!

예상문제 15회 ➕ 기출·예상문제 5회 수록!

- 한자어의 이해와 활용능력을 길러주기 위한 다양한 유형의 문제 수록
- 본 시험과 같은 유형의 기출·예상문제 수록
- 실제 시험처럼 연습할 수 있는 답안지 수록

한자능력검정시험 **5**급
기출·예상문제집

머리말

　문자는 언어를 체계화하여 인간의 내면세계를 구체화하고 서술하는 데에 필요한 도구이다. 따라서 한 나라의 문자 정책은 그 나라의 이상과 추구를 구체화하며 아울러 세계 인류의 의식세계를 교류하는 데에 가교架橋 역할을 한다.

　지금 우리나라는 문자 정책의 혼선으로 말미암아 어문 교육 정책은 실마리를 찾지 못하고 있으며, 사회 각처에서의 언어적 무가치와 무분별한 외래어 남용을 해소할 수 없어 내 나라 내 글인 한국어의 우수성을 저버리고 있다.

　새삼 한국어의 구성을 강조하지 않더라도 한국어는 한자와 한글로 구성되었음은 누구나 아는 사실이다. 특히 그 구성에 있어서 한자 어휘가 약 70% 이상을 차지하고 있으므로 한자와 한글을 따로 떼어서 교육하려는 것은 굴대에서 바퀴가 빠진 수레를 몰고자하는 것과 같다. 그럼에도 불구하고 학자들 간의 이권利權으로 말미암아 어문 정책이 양분되어 논쟁을 벌이는 것은 불필요한 지식 소모에 지나지 않는다.

　이로 인하여 **(사)한국어문회**에서는 우리글인 한국어를 올바로 인식시키고, 고급 지식의 경제 생산을 이룩하기 위하여 초등학생부터 일반인에 이르기까지 '한자능력검정시험'을 시행하고 있다. 매년 수험생이 증가하고 있어 다행한 일이라 여겨지기는 하나 전국민이 학교의 의무 교육으로부터 올바른 한국어 교육을 받을 수 있도록 정책을 세우는 것보다는 못할 것이다.

　한편 사회 각처에서 국한國漢혼용의 필요성이 대두되면서 한자교육학회의 난립과 한자검정시험이 난무하고 있어, 오랜 세월 학자들이 주장해온 국한 혼용의 본래 취지와 한국어 교육의 참뜻을 저해할까 두려운 마음이 앞선다.

　다행히 무분별한 외래문화의 수용 속에서 우리 것을 바로 알고 지켜나가는 **(사)한국어문회**가 어문 정책의 일환으로 추진하는 '한자능력검정시험'이 꾸준히 뿌리를 내리고 있어 한결 마음 뿌듯하며, 한국어 학습자와 수험생에게 조금이나마 보탬이 되고자 이 책을 펴낸다.

원 기 춘

- 머리말   3
- 차 례   4
- 시작하기 전에   5
- 출제기준   6
- 100% 내 것으로 만들기   7
- 꾸준이의 일기(성적)   8
- 급수별 배정한자(8급 ~ 5급)   9
- 시험에 꼭 출제되는 꾸러미   18
- 5급 예상문제(1회 ~ 15회)   39
- 5급 연습용 답안지   101
- 5급 기출·예상문제(1회 ~ 5회)   135
- 정답 및 해설   157
  - 예상문제 정답 및 해설 (1회 ~ 15회)
  - 기출·예상문제 정답 및 해설(1회 ~ 5회)

본 문제집은 급수별 시험에 대비하는 학생이나 사회인이 한자어의 이해와 활용 능력을 기르는 데에 도움이 되도록 엮은 것이다.

본 문제집은 (사)한국어문회에서 주관하고 한국한자검정회에서 시행하는 한자능력검정시험의 출제유형에 따라 예상문제와 기출·예상문제를 구성한 것이다.

본 문제집은 한자능력검정시험과 같이 문제지와 답안지를 별도로 수록하여, 본 시험에 대비해 보다 실전에 가까운 체험을 할 수 있도록 꾸며졌다.

본 문제집은 먼저 답안지에 1차 답안을 작성하여 채점한 후에 틀린 부분을 문제지에서 다시 풀어 볼 수 있도록 구성하였다.

본 문제집의 예상문제는 출제기준에 따라 각 급수에 배정된 한자의 범위 안에서 엮은 것으로, 본 시험에 가깝게 난이도를 조정하였으며 별도로 정답과 해설을 수록하여 문제의 이해를 높이려고 하였다.

(사)한국어문회에서 주관하고 한국한자검정회에서 시행하는 한자능력검정시험은, 급수별로 8급(50자) / 7급Ⅱ(100자) / 7급(150자) / 6급Ⅱ(225자) / 6급(300자) / 5급Ⅱ(400자) / 5급(500자) / 4급Ⅱ(750자) / 4급(1,000자) / 3급Ⅱ(1,500자) / 3급(1,817자) / 2급(2,355자) / 1급(3,500자) / 특급Ⅱ(4,918자) / 특급(5,978자) 등에 배정된 한자의 범위에서 출제되고 있어서 국내 여러 한자검정시험 중 급수별로 가장 많은 배정한자를 지정하고 있다.

한자 관련 시험의 종류로는 (사단법인)한국어문회에서 주관하고 한국한자능력검정회에서 시행하는 한자능력검정시험과 국내 각종 한자자격시험 및 한자경시대회 등이 있다.

✔ 상위급수 한자는 모두 하위급수 한자를 포함하고 있습니다.

✔ 쓰기 배정 한자는 한두 급수 아래의 읽기 배정한자이거나 그 범위 내에 있습니다.

✔ 공인급수는 특급 ～ 3급Ⅱ이며, 교육급수는 4급 ～ 8급입니다.

✔ 출제기준표는 기본지침자료로서, 출제자의 의도에 따라 차이가 있을 수 있습니다.

✔ 급수는 특급, 특급Ⅱ, 1급, 2급, 3급, 3급Ⅱ, 4급, 4급Ⅱ, 5급, 5급Ⅱ, 6급, 6급Ⅱ, 7급, 7급Ⅱ, 8급으로 구분합니다.

구분	특급	특급Ⅱ	1급	2급	3급	3급Ⅱ	4급	4급Ⅱ	5급	5급Ⅱ	6급	6급Ⅱ	7급	7급Ⅱ	8급
독음	45	45	50	45	45	45	32	35	35	35	33	32	32	22	24
한자쓰기	40	40	40	30	30	30	20	20	20	20	20	10	0	0	0
훈음	27	27	32	27	27	27	22	22	23	23	22	29	30	30	24
완성형(成語)	10	10	15	10	10	10	5	5	4	4	3	2	2	2	0
반의어(相對語)	10	10	10	10	10	10	3	3	3	3	3	2	2	2	0
뜻풀이	5	5	10	5	5	5	3	3	3	3	2	2	2	2	0
동음이의어	10	10	10	5	5	5	3	3	3	3	2	0	0	0	0
부수	10	10	10	5	5	5	3	3	0	0	0	0	0	0	0
동의어(類義語)	10	10	10	5	5	5	3	3	3	3	2	0	0	0	0
약자	3	3	3	3	3	3	3	3	3	3	0	0	0	0	0
장단음	10	10	10	5	5	5	3	0	0	0	0	0	0	0	0
한문	20	20	0	0	0	0	0	0	0	0	0	0	0	0	0
필순	0	0	0	0	0	0	0	0	3	3	3	3	2	2	2
출제문항(計)	200			150			100				90	80	70	60	50
합격문항	160			105			70				63	56	49	42	35
시험시간(분)	100	90		60			50								

● 한자능력검정시험은 《(사)한국어문회》가 주관하고, 《한국한자능력검정회》가 1992년 12월 9일 전국적으로 시행하여 현재에 이르기까지 매년 시행하고 있는 국내 최고의 한자자격시험입니다. 또한 시험에 합격한 재학생은 내신 반영은 물론, 2000학년부터 3급과 2급 합격자를 대상으로 일부 대학에서 특기자 전형 신입생을 선발함으로써 더욱 권위있고 의미있는 한자자격시험으로 인정받고 있습니다.

● 《(사)한국어문회》는 1992년 6월 22일에 문화부 장관 인가로 발족하고, 그 산하에 《한국한자능력검정회》를 두고 있습니다.

● 한자능력검정시험은 국어의 전통성 회복과 국어 생활을 바르게 하는 데에 그 목적이 있습니다. 따라서 시험에 출제되는 내용은 교과서·교양서적·논고 등에서 출제될 것입니다.

이 책은 '한자능력검정시험'에 대비하여 자신이 그동안 공부한 것을 평가하고, 자신에게
부족한 것이 무엇인가를 확인할 수 있도록, 시험 출제 가능성이 큰 내용을 위주로 엮은 것입니다.
아래의 길라잡이는 수험생이 자기 실력을 향상시키는 데에 도움이 될 수 있는 요점을 정리한 것이니, 이 책을
학습하기 전에 꼭 읽어보도록 하세요.

✓ **문제 풀이하기**   시험지가 몇 회인지, 시험 시간과 출제 문항수를 확인하고, 문제지 뒤에 붙어있는 답안지를 오려서 문제 번호를 확인하며
   답안을 작성합니다.

✓ **정답 및 해설 확인하기**   시험을 마친 후에는 정답의 번호를 확인하며 답안지에 틀린 것을 표시합니다. 그런 다음에는 틀린 문제의 해
   설을 확인하고 오답의 이유가 무엇이었는지를 알아야 합니다.

✓ **학습 효과 높이기**   틀린 문제를 공책에 별도로 적어두었다가 반복하여 쪽지 시험으로 확인하면 학습의 효과를 높일 수 있습니다.

✓ **자신의 실력을 인정하기**   문제를 풀이한 후에 점수가 70점이 넘지 않은 수험생은 기초가 튼튼하지 못하다는 것을 스스로 인정하고, 문
   제집 앞에 수록된 배정한자, 반의어, 유의어, 한자성어 등을 학습하여야 합니다. 기초가 튼튼하지 않으면 공부를 해도 실력이 향상되지 않기
   때문입니다.

✓ **기초 튼튼 다지기**   먼저 불투명한 종이로 배정한자의 훈과 음을 가리고 한자만을 보고 훈과 음을 읽는 연습을 합니다. 그런 다음에는 한자
   를 가리고 훈과 음만을 보고 한자 쓰기 연습을 합니다.
   무엇보다 자신의 실력을 인정하고 부족한 것부터 채워가는 노력이야말로 최고의 학습 방법입니다.

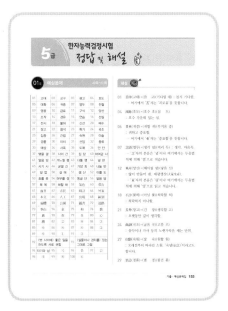

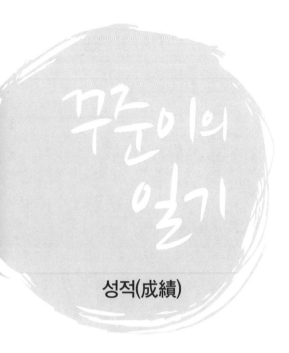

성적(成績)

오늘은 한자 시험을 치르는 날이었다.

"70점만 받으면 합격이다!" 그 정도 점수를 얻는 것은 그렇게 어려울 것 같지 않았다.

하지만 선생님께서 "성적은 쌓는 것이 아니라, 천을 짜는 것과 같은 것이다."라고 하신 말씀이 생각났다.

오늘 점수 50점과 내일 점수 50점을 합친다고 해서 온전한 100점이 될 수 있는 것이 아니라는 말씀이셨다.

예를 들어, 100점이 '옷 한 벌을 지을 수 있는 천을 짠 것'이라면 70점은 같은 수고를 했으면서도 '옷 한 벌을 온전하게 지을 수 없어서 나중에 30점을 더해도 누더기 옷을 지을 수밖에 없다'는 것이다.

"아, 100점으로 합격해서 멋진 옷을 만들어 입고 싶다!!"

'성적(成績)'은 '이룰 성(成)'자와 '길쌈 적(績)'자로 이루어진 한자어입니다. '길쌈 적(績)'자와 '쌓을 적(積)'자를 구별하세요!

'길쌈'은 무슨 뜻일까요?

'길에서 싸운다'는 뜻입니다.

^^ '길쌈'은 '실을 내어 옷감을 짜는 일'을 뜻하는 말입니다. 그래서 '성적(成績)'은 '길쌈의 결과로 얻은 성과'를 뜻하는 말에서, '배운 지식이나 기능 따위를 평가한 결과'를 이르게 된 것입니다.

그러면 '쌓을 적(積)'자는 무엇을 뜻하는 글자인가요?

'積'자는 뜻을 전하는 '禾(벼 화)'자와 소리를 전하는 '責(꾸짖을 책)'자가 결합하여 '곡물이 많이 쌓여 있는 것'을 뜻합니다.

: 표는 長音, ㆍ표는 長ㆍ短音 漢字임

8급 배정한자

한자	훈	음	부수 - 획수
教	가르칠	교:	攵 - 총11획
校	학교學校	교:	木 - 총10획
九	아홉	구	乙 - 총2획
國	나라	국	囗 - 총11획
軍	군사軍士/軍事	군	車 - 총9획
金	쇠	금	
	성姓	김	金 - 총8획
南	남녘	남	十 - 총9획
女	계집	녀	女 - 총3획
年	해	년	干 - 총6획
大	큰	대ㆍ	大 - 총3획
東	동녘	동	木 - 총8획
六	여섯	륙	八 - 총4획
萬	일만	만:	艸 - 총13획
母	어미	모:	母 - 총5획
木	나무	목ㆍ	木 - 총4획
門	문	문	門 - 총8획
民	백성百姓	민	氏 - 총5획

한자	훈	음	부수 - 획수
白	흰	백	白 - 총5획
父	아비	부	父 - 총4획
北	북녘	북	
	달아날	배	匕 - 총5획
四	넉	사:	囗 - 총5획
山	메	산	山 - 총3획
三	석	삼	一 - 총3획
生	날	생	
	낳을	생	生 - 총5획
西	서녘	서	襾 - 총6획
先	먼저	선	儿 - 총6획
小	작을	소:	小 - 총3획
水	물	수	水 - 총4획
室	집	실	宀 - 총9획
十	열	십	十 - 총2획
五	다섯	오:	二 - 총4획
王	임금	왕	玉 - 총4획
外	바깥	외:	夕 - 총5획
月	달	월	月 - 총4획
二	두	이:	二 - 총2획

한자	훈	음	부수 - 획수
人	사람	인	人 - 총2획
日	날	일	日 - 총4획
一	한	일	一 - 총1획
長	긴	장ㆍ	長 - 총8획
弟	아우	제:	弓 - 총7획
中	가운데	중	丨 - 총4획
青	푸를	청	青 - 총8획
寸	마디	촌:	寸 - 총3획
七	일곱	칠	一 - 총2획
土	흙	토	土 - 총3획
八	여덟	팔	八 - 총2획
學	배울	학	子 - 총16획
韓	나라	한ㆍ	
	한국韓國	한ㆍ	韋 - 총17획
兄	형	형	儿 - 총5획
火	불	화ㆍ	火 - 총4획

※ 8급은 모두 50자입니다. 8급 시험에서 한자쓰기 문제는 출제되지 않습니다. 하지만, 8급 한자는 모든 급수의 기초가 되므로 많이 읽고 그 쓰임에 대하여 알아보는 것이 중요합니다.

7급Ⅱ 배정한자

家	집	가	宀 - 총10획
間	사이	간	門 - 총12획
江	강	강	水 - 총6획
車	수레	거	
	수레	차	車 - 총7획
空	빌[虛空]	공	穴 - 총8획
工	장인[匠人]	공	工 - 총3획
記	기록할	기	言 - 총10획
氣	기운[氣運]	기	气 - 총10획
男	사내	남	田 - 총7획
內	안	내	入 - 총4획
農	농사[農事]	농	辰 - 총13획
答	대답[對答]	답	竹 - 총12획
道	길	도	
	말할	도	辶 - 총13획
動	움직일	동	力 - 총11획
力	힘	력	力 - 총2획
立	설	립	立 - 총5획
每	매양[每樣]	매	母 - 총7획
名	이름	명	口 - 총6획
物	물건[物件]	물	牛 - 총8획
方	모[四角]	방	方 - 총4획
不	아닐	불	一 - 총4획
事	일	사	亅 - 총8획
上	윗	상	一 - 총3획
姓	성[姓]	성	女 - 총8획
世	인간[人間]	세	一 - 총5획
手	손	수	手 - 총4획
時	때	시	日 - 총10획
市	저자	시	巾 - 총5획
食	먹을	식	
	밥	사/식	食 - 총9획
安	편안[便安]	안	宀 - 총6획
午	낮	오	十 - 총4획
右	오를	우	
	오른(쪽)	우	口 - 총5획
自	스스로	자	自 - 총6획
子	아들	자	子 - 총3획
場	마당	장	土 - 총12획
電	번개	전	雨 - 총13획
前	앞	전	刀 - 총9획
全	온전	전	入 - 총6획
正	바를	정	止 - 총5획
足	발	족	足 - 총7획
左	왼	좌	工 - 총5획
直	곧을	직	目 - 총8획
平	평평할	평	干 - 총5획
下	아래	하	一 - 총3획
漢	한수[漢水]	한	
	한나라	한	水 - 총14획
海	바다	해	水 - 총10획
話	말씀	화	言 - 총13획
活	살[生活]	활	水 - 총9획
孝	효도[孝道]	효	子 - 총7획
後	뒤	후	彳 - 총9획

※ 7급Ⅱ는 8급[50자]에 새로운 한자 50자를 더하여 모두 100자입니다. 7급Ⅱ에서 한자쓰기 문제는 출제되지 않습니다. 하지만, 7급Ⅱ에서 사용되는 한자는 앞으로 공부할 모든 급수에서 중요한 한자이므로 모두 쓸 수 있도록 학습하는 것이 좋습니다.

7급 배정한자

歌	노래	가	欠 - 총14획
口	입	구	口 - 총3획
旗	기	기	方 - 총14획
冬	겨울	동	冫 - 총5획
洞	골	동	
	밝을	통	水 - 총9획
同	한가지	동	口 - 총6획
登	오를[登攀]	등	癶 - 총12획

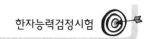

급수별 배정한자

한자	훈	음	부수·획수
來	올	래	人 – 총 8획
老	늙을	로	老 – 총 6획
里	마을	리	里 – 총 7획
林	수풀	림	木 – 총 8획
面	낯	면	面 – 총 9획
命	목숨	명	口 – 총 8획
文	글월	문	文 – 총 4획
問	물을	문	口 – 총11획
百	일백	백	白 – 총 6획
夫	지아비	부	大 – 총 4획
算	셈	산	竹 – 총14획
色	빛	색	色 – 총 6획
夕	저녁	석	夕 – 총 3획
所	바	소	戶 – 총 8획
少	적을[젊을]	소	小 – 총 4획
數	셈 / 자주	수 / 삭	攴 – 총15획
植	심을	식	木 – 총12획
心	마음	심	心 – 총 4획
語	말씀	어	言 – 총14획
然	그럴	연	火 – 총12획
有	있을	유	月 – 총 6획
育	기를	육	肉 – 총 8획
邑	고을	읍	邑 – 총 7획
入	들	입	入 – 총 2획
字	글자	자	子 – 총 6획
祖	할아비	조	示 – 총10획
住	살	주	人 – 총 7획
主	임금 / 주인主人	주	丶 – 총 5획
重	무거울	중	里 – 총 9획
地	땅[따]	지	土 – 총 6획
紙	종이	지	糸 – 총10획
川	내	천	巛 – 총 3획
千	일천	천	十 – 총 3획
天	하늘	천	大 – 총 4획
草	풀	초	艸 – 총10획
村	마을	촌	木 – 총 7획
秋	가을	추	禾 – 총 9획
春	봄	춘	日 – 총 9획
出	날	출	凵 – 총 5획
便	편할 / 똥오줌	편 / 변	人 – 총 9획 ※'편'만 장단음
夏	여름	하	夊 – 총10획
花	꽃	화	艸 – 총 8획
休	쉴	휴	人 – 총 6획

※ 7급은 7급Ⅱ[100자]에 새로운 한자 50자를 더하여 모두 150자입니다.
7급에서 한자쓰기 문제는 출제되지 않습니다. 하지만 7급에서 사용되는 한자는 앞으로 공부할 모든 급수에서 중요한 한자이므로 모두 쓸 수 있도록 학습하는 것이 좋습니다.

6급Ⅱ 배정한자

한자	훈	음	부수·획수
各	각각	각	口 – 총 6획
角	뿔	각	角 – 총 7획
計	셀	계	言 – 총 9획
界	지경地境	계	田 – 총 9획
高	높을	고	高 – 총10획
功	공[功勳]	공	力 – 총 5획
公	공평할	공	八 – 총 4획
共	한가지	공	八 – 총 6획
科	과목科目	과	禾 – 총 9획
果	실과實果	과	木 – 총 8획
光	빛	광	儿 – 총 6획
球	공	구	玉 – 총11획
今	이제	금	人 – 총 4획
急	급할	급	心 – 총 9획
短	짧을	단	矢 – 총12획
堂	집	당	土 – 총11획

代	대신할	대:	人 – 총 5획
對	대할	대:	寸 – 총14획
圖	그림	도	口 – 총14획
讀	읽을	독	
	구절[句節]	두	言 – 총22획
童	아이	동:	立 – 총12획
等	무리	등:	竹 – 총12획
樂	즐길	락	
	노래	악	
	좋아할	요	木 – 총15획
理	다스릴	리:	玉 – 총11획
利	이할	리:	刀 – 총 7획
明	밝을	명	日 – 총 8획
聞	들을	문:	耳 – 총14획
班	나눌	반	玉 – 총10획
反	돌이킬	반:	又 – 총 4획
半	반	반:	十 – 총 5획
發	필	발	癶 – 총12획
放	놓을	방:	攴 – 총 8획
部	떼[部類]	부	邑 – 총11획
分	나눌	분:	刀 – 총 4획
社	모일	사	示 – 총 8획

書	글	서	曰 – 총10획
線	줄[針線]	선	糸 – 총15획
雪	눈	설	雨 – 총11획
省	살필	성	
	덜	생	目 – 총 9획
成	이룰	성	戈 – 총 7획
消	사라질	소	水 – 총10획
術	재주	술	行 – 총11획
始	비로소	시:	女 – 총 8획
神	귀신[鬼神]	신	示 – 총10획
身	몸	신	身 – 총 7획
信	믿을	신:	人 – 총 9획
新	새	신	斤 – 총13획
藥	약	약	艸 – 총19획
弱	약할	약	弓 – 총10획
業	업	업	木 – 총13획
勇	날랠	용:	力 – 총 9획
用	쓸	용:	用 – 총 5획
運	옮길	운:	辶 – 총13획
音	소리	음	音 – 총 9획
飲	마실	음:	食 – 총13획
意	뜻	의:	心 – 총13획

昨	어제	작	日 – 총 9획
作	지을	작	人 – 총 7획
才	재주	재	手 – 총 3획
戰	싸움	전:	戈 – 총16획
庭	뜰	정	广 – 총10획
題	제목[題目]	제	頁 – 총18획
第	차례	제:	竹 – 총11획
注	부을	주:	水 – 총 8획
集	모을	집	隹 – 총12획
窓	창	창	穴 – 총11획
清	맑을	청	水 – 총11획
體	몸	체	骨 – 총23획
表	겉	표	衣 – 총 8획
風	바람	풍	風 – 총 9획
幸	다행[多幸]	행:	干 – 총 8획
現	나타날[現象]	현:	玉 – 총11획
形	모양	형	彡 – 총 7획
和	화할	화	口 – 총 8획
會	모일	회:	曰 – 총13획

※ 6급Ⅱ는 7급[150자]에 새로운 한자 75자를 더한 225자입니다.
단, 6급Ⅱ에서의 한자쓰기 문제는 8급[50자]에서 출제됩니다.

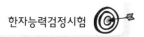

6급 배정한자

感 느낄 감: 心 – 총13획
強 강할[強=强] 강: 弓 – 총11획
開 열 개 門 – 총12획
京 서울 경 亠 – 총8획
苦 쓸[味覺] 고 艹 – 총9획
古 예 고: 口 – 총5획
交 사귈 교 亠 – 총6획
區 구분할 구
　 지경[地境] 구 匸 – 총11획
郡 고을 군: 邑 – 총10획
近 가까울 근: 辶 – 총8획
根 뿌리 근 木 – 총10획
級 등급[等級] 급 糸 – 총10획
多 많을 다 夕 – 총6획
待 기다릴 대: 彳 – 총9획
度 법도[法度] 도·
　 헤아릴 탁 广 – 총9획
頭 머리 두 頁 – 총16획
例 법식[法式] 례: 人 – 총8획
禮 예도[禮度] 례: 示 – 총18획

路 길 로: 足 – 총13획
綠 푸를 록 糸 – 총14획
李 오얏 리:
　 성[姓] 리: 木 – 총7획
目 눈 목 目 – 총5획
米 쌀 미 米 – 총6획
美 아름다울 미: 羊 – 총9획
朴 성[姓] 박 木 – 총6획
番 차례 번 田 – 총12획
別 다를 별
　 나눌 별 刀 – 총7획
病 병 병: 疒 – 총10획
服 옷 복 月 – 총8획
本 근본[根本] 본 木 – 총5획
死 죽을 사: 歹 – 총6획
使 하여금 사:
　 부릴 사: 人 – 총8획
石 돌 석 石 – 총5획
席 자리 석 巾 – 총10획
速 빠를 속 辶 – 총11획
孫 손자[孫子] 손· 子 – 총10획
樹 나무 수 木 – 총16획

習 익힐 습 羽 – 총11획
勝 이길 승 力 – 총12획
式 법[法] 식 弋 – 총6획
失 잃을 실 大 – 총5획
愛 사랑 애· 心 – 총13획
野 들[坪] 야: 里 – 총11획
夜 밤 야: 夕 – 총8획
陽 볕 양 阜 – 총12획
洋 큰바다 양 水 – 총9획
言 말씀 언 言 – 총7획
永 길 영: 水 – 총5획
英 꽃부리 영 艹 – 총9획
溫 따뜻할 온 水 – 총13획
園 동산 원 囗 – 총13획
遠 멀 원: 辶 – 총14획
油 기름 유 水 – 총8획
由 말미암을 유 田 – 총5획
銀 은 은 金 – 총14획
衣 옷 의 衣 – 총6획
醫 의원[醫院/醫員] 의 酉 – 총18획
者 놈 자 老 – 총9획

章	글	장	立 – 총11획
在	있을	재:	土 – 총6획
定	정할	정:	宀 – 총8획
朝	아침	조	月 – 총12획
族	겨레	족	方 – 총11획
晝	낮	주	日 – 총11획
親	친할	친	見 – 총16획
太	클	태	大 – 총4획
通	통할	통	辶 – 총11획
特	특별할	특	牛 – 총10획
合	합할	합	
	홉	홉	口 – 총6획
行	다닐	행	※'행'만 장단음
	항렬行列	항	行 – 총6획
向	향할	향:	口 – 총6획
號	이름	호:	虍 – 총13획
畫	그림	화	※'화'만 장음
	그을[劃]	획	田 – 총13획
黃	누를	황	黃 – 총12획
訓	가르칠	훈:	言 – 총10획

5급II 배정한자

價	값	가	人 – 총15획
客	손[賓客]	객	宀 – 총9획
格	격식格式	격	木 – 총10획
見	볼	견:	
	뵈올	현:	見 – 총7획
決	결단할	결	水 – 총7획
結	맺을	결	糸 – 총12획
敬	공경恭敬	경:	攴 – 총13획
告	고할	고:	口 – 총7획
課	공부할	과	
	과정課程	과	言 – 총15획
過	지날	과:	辶 – 총13획
關	관계할	관	門 – 총19획
觀	볼	관	見 – 총25획
廣	넓을	광:	广 – 총15획
具	갖출	구	八 – 총8획
舊	예	구:	臼 – 총18획
局	판[形局]	국	尸 – 총7획
己	몸	기	己 – 총3획
基	터	기	土 – 총11획

※ 6급은 6급II[225자]에 새로운 한자 75자를 더하여 모두 300자입니다.

念	생각	념:	心 – 총8획
能	능할	능	肉 – 총10획
團	둥글	단	口 – 총14획
當	마땅	당	田 – 총13획
德	큰	덕	彳 – 총15획
到	이를	도:	刀 – 총8획
獨	홀로	독	犬 – 총16획
朗	밝을	랑:	月 – 총11획
良	어질	량	艮 – 총7획
旅	나그네	려	方 – 총10획
歷	지날	력	止 – 총16획
練	익힐	련:	糸 – 총15획
勞	일할	로	力 – 총12획
類	무리	류	頁 – 총19획
流	흐를	류	水 – 총10획
陸	뭍	륙	阜 – 총11획
望	바랄	망:	月 – 총11획
法	법	법	水 – 총8획
變	변할	변:	言 – 총23획
兵	병사兵士	병	八 – 총7획
福	복	복	示 – 총14획
奉	받들	봉:	大 – 총8획

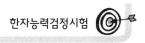

史	사기 史記	사:	口 – 총 5획
士	선비	사:	土 – 총 3획
仕	섬길	사ˑ	人 – 총 5획
産	낳을	산:	生 – 총 11획
相	서로	상	目 – 총 9획
商	장사	상	口 – 총 11획
鮮	고울	선	魚 – 총 17획
仙	신선 神仙	선	人 – 총 5획
說	말씀	설	
	달랠	세:	
	기쁠	열	言 – 총 14획
性	성품 性品	성:	心 – 총 8획
洗	씻을	세:	水 – 총 9획
歲	해	세:	止 – 총 13획
束	묶을	속	木 – 총 7획
首	머리	수	首 – 총 9획
宿	잘	숙	
	별자리	수:	宀 – 총 11획
順	순할	순:	頁 – 총 12획
識	알	식	
	기록할	지	言 – 총 19획
臣	신하 臣下	신	臣 – 총 6획

實	열매	실	宀 – 총14획
兒	아이	아	儿 – 총 8획
惡	악할	악	
	미워할	오	心 – 총12획
約	맺을	약	糸 – 총 9획
養	기를	양:	食 – 총15획
要	요긴할	요ˑ	襾 – 총 9획
友	벗	우:	又 – 총 4획
雨	비	우:	雨 – 총 8획
雲	구름	운	雨 – 총12획
元	으뜸	원	儿 – 총 4획
偉	클	위	人 – 총11획
以	써	이:	人 – 총 5획
任	맡길	임ˑ	人 – 총 6획
材	재목 材木	재	木 – 총 7획
財	재물 財物	재	貝 – 총10획
的	과녁	적	白 – 총 8획
典	법 法	전:	八 – 총 8획
傳	전할	전	人 – 총13획
展	펼	전:	尸 – 총10획
切	끊을	절	
	온통	체	刀 – 총 4획

節	마디	절	竹 – 총15획
店	가게	점:	广 – 총 8획
情	뜻	정	心 – 총11획
調	고를	조	言 – 총15획
卒	마칠	졸	十 – 총 8획
種	씨	종ˑ	禾 – 총14획
週	주일 週日	주	辶 – 총12획
州	고을	주	巛 – 총 6획
知	알	지	矢 – 총 8획
質	바탕	질	貝 – 총15획
着	붙을	착	目 – 총12획
參	참여할	참	
	갖은석	삼	厶 – 총11획
責	꾸짖을	책	貝 – 총11획
充	채울	충	儿 – 총 6획
宅	집	택	
	집	댁	宀 – 총 6획
品	물건 物件	품:	口 – 총 9획
必	반드시	필	心 – 총 5획
筆	붓	필	竹 – 총12획
害	해할	해:	宀 – 총10획
化	될	화	匕 – 총 4획

效 본받을 **효** : 攴 - 총10획
凶 흉할 **흉** : 凵 - 총 4획

※ 5급Ⅱ는 6급[300자]에 새로운 한자 100자를 더한 400자입니다.
단, 5급Ⅱ에서의 한자쓰기 문제는 6급Ⅱ [225자]에서 출제됩니다.

5급 배정한자

加 더할 **가** 力 - 총 5획
可 옳을 **가** : 口 - 총 5획
改 고칠 **개** ˴ 攴 - 총 7획
去 갈 **거** : 厶 - 총 5획
擧 들 **거** : 手 - 총18획
健 굳셀 **건** : 人 - 총11획
件 물건物件 **건** 人 - 총 6획
建 세울 **건** : 廴 - 총 9획
輕 가벼울 **경** 車 - 총14획
競 다툴 **경** : 立 - 총20획
景 볕 **경** ˴ 日 - 총12획
固 굳을 **고** ˴ 口 - 총 8획
考 생각할 **고** ˴ 老 - 총 6획
曲 굽을 **곡** 曰 - 총 6획

橋 다리 **교** 木 - 총16획
救 구원할 **구** : 攴 - 총11획
貴 귀할 **귀** : 貝 - 총12획
規 법法 **규** 見 - 총11획
給 줄 **급** 糸 - 총12획
汽 물끓는김 **기** 水 - 총 7획
期 기약할 **기** 月 - 총12획
技 재주 **기** 手 - 총 7획
吉 길할 **길** 口 - 총 6획
壇 단 **단** 土 - 총16획
談 말씀 **담** 言 - 총15획
都 도읍都邑 **도** 邑 - 총12획
島 섬 **도** 山 - 총10획
落 떨어질 **락** 艸 - 총13획
冷 찰 **랭** : 冫 - 총 7획
量 헤아릴 **량** 里 - 총12획
領 거느릴 **령** 頁 - 총14획
令 하여금 **령** ˴ 人 - 총 5획
料 헤아릴 **료** ˴ 斗 - 총10획
馬 말 **마** : 馬 - 총10획
末 끝 **말** 木 - 총 5획

亡 망할 **망** 亠 - 총 3획
買 살 **매** : 貝 - 총12획
賣 팔[賣却] **매** ˴ 貝 - 총15획
無 없을 **무** 火 - 총12획
倍 곱 **배** ˴ 人 - 총10획
比 견줄 **비** : 比 - 총 4획
費 쓸 **비** : 貝 - 총12획
鼻 코 **비** : 鼻 - 총14획
氷 얼음 **빙** 水 - 총 5획
寫 베낄 **사** 宀 - 총15획
思 생각 **사** ˴ 心 - 총 9획
査 조사할 **사** 木 - 총 9획
賞 상줄 **상** 貝 - 총15획
序 차례 **서** : 广 - 총 7획
選 가릴 **선** : 辵 - 총16획
船 배[船舶] **선** 舟 - 총11획
善 착할 **선** : 口 - 총12획
示 보일 **시** : 示 - 총 5획
案 책상冊床 **안** : 木 - 총10획
魚 고기 **어**
　 물고기 **어** 魚 - 총11획

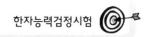

漁	고기잡을	어	水 – 총14획
億	억[數字]	억	人 – 총15획
熱	더울	열	火 – 총15획
葉	잎	엽	
	고을이름	섭	艸 – 총13획
屋	집	옥	尸 – 총 9획
完	완전할	완	宀 – 총 7획
曜	빛날	요	日 – 총18획
浴	목욕할	욕	水 – 총10획
牛	소	우	牛 – 총 4획
雄	수컷	웅	隹 – 총12획
原	언덕	원	厂 – 총10획
願	원할	원	頁 – 총19획
院	집	원	阜 – 총10획
位	자리	위	人 – 총 7획
耳	귀	이	耳 – 총 6획
因	인할	인	口 – 총 6획
再	두	재	冂 – 총 6획
災	재앙[災殃]	재	火 – 총 7획
爭	다툴	쟁	爪 – 총 8획
貯	쌓을	저	貝 – 총12획

赤	붉을	적	赤 – 총 7획
停	머무를	정	人 – 총11획
操	잡을	조	手 – 총16획
終	마칠	종	糸 – 총11획
罪	허물	죄	罒 – 총13획
止	그칠	지	止 – 총 4획
唱	부를	창	口 – 총11획
鐵	쇠	철	金 – 총21획
初	처음	초	刀 – 총 7획
最	가장	최	曰 – 총12획
祝	빌[祝禱]	축	示 – 총10획
致	이를	치	至 – 총10획
則	법칙[法則]	칙	
	곧	즉	刀 – 총 9획
他	다를	타	人 – 총 5획
打	칠[打擊]	타	手 – 총 5획
卓	높을	탁	十 – 총 8획
炭	숯	탄	火 – 총 9획
板	널	판	木 – 총 8획
敗	패할	패	攴 – 총11획
河	물	하	水 – 총 8획

寒	찰	한	宀 – 총12획
許	허락할	허	言 – 총11획
湖	호수[湖水]	호	水 – 총12획
患	근심	환	心 – 총11획
黑	검을	흑	黑 – 총12획

※ 5급은 5급Ⅱ[400자]에 새로운 한자 100자
를 더한 500자입니다.
단, 5급에서 한자쓰기 문제는 6급[300
자]에서 출제됩니다.

✎ 한자는 서체에 따라 글자 모양이 달라
져 보이나 모두 정자로 인정됩니다.

[참고 漢字]

示 = 礻	靑 = 青
神(神) 祈(祈) 祝(祝) 祖(祖)	淸(清) 請(請) 晴(晴) 情(情)
糸 = 糹	飠 = 食
線(線) 經(經) 續(續) 紙(紙)	飮(飲) 飯(飯) 餘(餘) 飽(飽)
辶 = 辶	八 = ソ
送(送) 運(運) 遂(遂) 遵(遵)	尊(尊) 說(說) 曾(曾) 墜(墜)

시험에 꼭! 출제되는 꾸러미

★

한자의 훈[訓 : 뜻] · 음[音 : 소리]

한글은 말소리를 그대로 기호로 나타내는 소리글자이지만, 한자(漢字)는 각각의 글자가 언어의 소리와 상관없이 일정한 뜻을 나타내는 뜻글자입니다. 때문에 한자는 뜻과 소리를 함께 익혀야 그 뜻을 정확하게 전달할 수 있습니다.

教 (가르칠 교 : 攵부 총11획) → '教'자의 뜻[훈(訓)]은 '가르치다', 소리[음(音)]는 '교'입니다.

學 (배울 학 : 子부 총16획) → '學'자의 뜻[훈(訓)]은 '배우다', 소리[음(音)]는 '학'입니다.

★

한자의 획과 획수

획(劃)은 한자(漢字)를 이루고 있는 하나하나의 선(線)이나 점(點), 또는 한 번에 그은 줄이나 점을 말하고, 획수(劃數)는 한자를 이루고 있는 '획의 수'를 말합니다.

兄 (형 형 : 儿부 총5획) → '兄'자는 '口'자의 3획과 '儿'자의 2획이 합해져서 모두 5획입니다.

男 (사내 남 : 田부 총7획) → '男'자는 '田'자의 5획과 '力'자의 2획이 합해져서 모두 7획입니다.

★

한자의 획순

획순(劃順)은 한자(漢字)를 구성하고 있는 획을 쓰는 순서로, 필순(筆順)이라고도 합니다. 한자의 쓰기 학습은 획순이 매우 중요합니다. 왜냐하면 획순은 글자를 쓰는 차례이며 규칙이기 때문입니다. 차례와 규칙이 없다면 모든 것이 혼란스럽듯이 한자의 획순 또한 순서에 따라 바르게 익히지 않으면 글씨를 예쁘게 쓸 수 없는 것은 물론이고, 애쓰고 익힌 글자도 오래도록 기억할 수 없습니다.

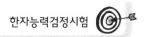

| **01** | 왼쪽에서부터 오른쪽으로 씁니다. |

예 7급 川 내　　천 : 巛부 총 3획 → ノ 川 川

8급 北 북녘　북 : 匕부 총 5획 → 丨 ㅓ 十 北 北

7Ⅱ 物 물건　물 : 牛부 총 8획 → ノ 一 牛 牛 牛 牛 物 物

7Ⅱ 姓 성　　성 : 女부 총 8획 → 乚 夊 女 女 女 妒 妒 姓

7급 旗 기　　기 : 方부 총14획 → 丶 一 亐 方 方 方 方 旗 旗 旗 旗 旗 旗 旗

| **02** | 위에서부터 아래로 내려씁니다. |

예 8급 三 석　　삼 : 一부 총 3획 → 一 二 三

8급 金 쇠　　금 : 金부 총 8획 → ノ 人 스 今 全 全 金 金

7급 花 꽃　　화 : 艸부 총 8획 → 一 十 艹 艹 艹 花 花

8급 室 집　　실 : 宀부 총 9획 → 丶 宀 宀 宀 宇 宰 室 室

7Ⅱ 電 번개　전 : 雨부 총13획 → 一 一 戸 币 币 币 雨 雨 雨 雷 雷 電

| **03** | 가로획과 세로획이 교차(交叉)할 때에는 가로획[一]을 먼저 쓰고, 세로획 [丨]을 나중에 씁니다. |

예 8급 十 열　　십 : 十부 총 2획 → 一 十

8급 寸 마디　촌 : 寸부 총 3획 → 一 寸 寸

8급 木 나무　목 : 木부 총 4획 → 一 十 才 木

7Ⅱ 世 인간　세 : 一부 총 5획 → 一 十 世 世 世

7급 地 땅[따]　지 : 土부 총 6획 → 一 十 土 圵 地 地

| **04** | 삐침[丿]과 파임[乀]이 서로 만날 때에는 삐침[丿]을 먼저 쓰고, 파임[乀]을 나중에 씁니다. |

예 8급 人 사람　인 : 人부 총 2획 → ノ 人

8급 大 큰   대 : 大부 총 3획 → 一 ナ 大

8급 父 아비   부 : 父부 총 4획 → ´ ハ グ 父

7급 文 글월   문 : 文부 총 4획 → ` 亠 ナ 文

7Ⅱ 後 뒤   후 : 彳부 총 9획 → ´ ㇇ 彳 彳 彳 彴 徍 後 後

05	안쪽 획을 감싸는 글자는 바깥쪽 획을 먼저, 안쪽 획을 중간에, 아래 획을 나중에 쓴 다음 안쪽 획이 밑으로 쏟아지지 않도록 잘 닫습니다.

예 8급 四 넉   사 : 口부 총 5획 → 丨 冂 冃 罒 四

8급 國 나라   국 : 口부 총11획 → 丨 冂 冂 冃 同 同 同 國 國 國 國

7급 百 일백   백 : 白부 총 6획 → 一 ㄱ ㄹ 百 百 百

7Ⅱ 直 곧을   직 : 目부 총 8획 → 一 ナ 十 古 古 育 直 直

7급 面 낯   면 : 面부 총 9획 → 一 ㄱ 厂 面 面 面 面 面 面

06	가운데 획을 중심으로 대칭(對稱)을 이루는 글자는 가운데 획을 먼저 쓰고, 다음으로 왼쪽 획을 쓰고, 맨 나중에 오른쪽 획을 씁니다.

예 8급 山 메   산 : 山부 총 3획 → 丨 山 山

8급 小 작을   소 : 小부 총 3획 → 亅 小 小

7급 少 적을   소 : 小부 총 4획 → 亅 小 小 少

7급 出 날   출 : 凵부 총 5획 → 丨 屮 屮 出 出

6급 永 길   영 : 水부 총 5획 → ` 亅 氵 永 永

07	글자 전체를 꿰뚫고 지나는 획은 맨 나중에 씁니다.

예 8급 母 어미   모 : 毋부 총 5획 → 乚 乃 母 母 母

8급 中 가운데 중 : 丨부 총 4획 → 丨 冂 口 中

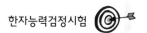
7Ⅱ 車 수레　거/차 : 車부 총 7획 → 一 丆 万 亓 百 亘 車

7Ⅱ 事 일　　사 : 亅부 총 8획 → 一 丆 亓 百 写 写 写 事

7Ⅱ 海 바다　해 : 水부 총10획 → 丶 丶 氵 氵 沪 汇 海 海 海 海

---

08 글자의 오른쪽 위에 있는 점은 맨 나중에 씁니다.

예 6Ⅱ 代 대신할　대 : 人부 총 5획 → 丿 亻 亻 代 代

6Ⅱ 成 이룰　성 : 戈부 총 7획 → 丿 厂 𠃜 万 成 成 成

6급 式 법　식 : 弋부 총 6획 → 一 二 丁 王 式 式

6Ⅱ 戰 싸움　전 : 戈부 총16획 → 丶 𠂉 丷 吅 吅 吅 吅 罒 罒 單 單 戰 戰 戰

5Ⅱ 識 알　식 : 言부 총19획 → 丶 亠 二 言 言 言 言 言 言 訁 訁 訨 訶 訶 訶 諳 諳 識 識

※ 주의! 받침 '辶'은 '辶'과 같은 글자입니다.

---

09 '走'자와 같은 받침이 있는 글자는 받침[走]을 먼저 씁니다.

예 4Ⅱ 起 일어날　기 : 走부 총10획 → 一 十 土 丰 丰 走 走 起 起 起

---

10 '辶, 廴'와 같은 받침이 있는 글자는 받침[辶, 廴]을 나중에 씁니다.

예 7Ⅱ 道 길　도 : 辶부 총13획 → 丶 丷 丷 厸 产 首 首 首 道 道 道 道

6급 近 가까울　근 : 辶부 총 8획 → 厂 厂 斤 斤 𣥂 近 近 近

6급 速 빠를　속 : 辶부 총11획 → 一 厂 戸 宁 亩 束 束 涑 涑 速

6급 遠 멀　원 : 辶부 총14획 → 一 十 土 吉 吉 声 吉 袁 袁 遠 遠 遠

5급 建 세울　건 : 廴부 총 9획 → 一 コ ヨ 中 聿 聿 律 建 建

 두 개의 글자가 서로 상대, 또는 반대되는 뜻을 가진
한자를 말합니다.

강	강 7Ⅱ	江 ↔ 山 8급	메	산	강산
강할	강 6급	強 ↔ 弱 6Ⅱ	약할	약	강약
갈	거 5급	去 ↔ 來 7급	올	래	거래
가벼울	경 5급	輕 ↔ 重 7급	무거울	중	경중
높을	고 6Ⅱ	高 ↔ 下 7Ⅱ	아래	하	고하
쓸	고 6급	苦 ↔ 樂 6Ⅱ	즐길	락	고락
예	고 6급	古 ↔ 今 6Ⅱ	이제	금	고금
굽을	곡 5급	曲 ↔ 直 7Ⅱ	곧을	직	곡직
공	공 6Ⅱ	功 ↔ 過 5Ⅱ	지날	과	공과
공	공 6Ⅱ	功 ↔ 罪 5급	허물	죄	공죄
빌	공 7Ⅱ	空 ↔ 陸 5Ⅱ	뭍	륙	공륙
가르칠	교 8급	敎 ↔ 習 6급	익힐	습	교습
가르칠	교 8급	敎 ↔ 學 8급	배울	학	교학
길할	길 5급	吉 ↔ 凶 5Ⅱ	흉할	흉	길흉
남녘	남 8급	南 ↔ 北 8급	북녘	북	남북
사내	남 7Ⅱ	男 ↔ 女 8급	계집	녀	남녀
안	내 7Ⅱ	內 ↔ 外 8급	바깥	외	내외
많을	다 6급	多 ↔ 少 7급	적을	소	다소
마땅	당 5Ⅱ	當 ↔ 落 5급	떨어질	락	당락
큰	대 8급	大 ↔ 小 8급	작을	소	대소
도읍	도 5급	都 ↔ 農 7Ⅱ	농사	농	도농
동녘	동 8급	東 ↔ 西 8급	서녘	서	동서
움직일	동 7Ⅱ	動 ↔ 止 5급	그칠	지	동지

오를	등 7급	登 ↔ 落 5급	떨어질	락	등락
찰	랭 5급	冷 ↔ 熱 5급	더울	열	냉열
찰	랭 5급	冷 ↔ 溫 6급	따뜻할	온	냉온
늙을	로 7급	老 ↔ 童 6Ⅱ	아이	동	노동
일할	로 5Ⅱ	勞 ↔ 使 6급	하여금	사	노사
뭍	륙 5Ⅱ	陸 ↔ 海 7Ⅱ	바다	해	육해
이할	리 6급	利 ↔ 害 5Ⅱ	해할	해	이해
팔	매 5급	賣 ↔ 買 5급	살	매	매매
어미	모 8급	母 ↔ 子 7Ⅱ	아들	자	모자
물을	문 7급	問 ↔ 答 7Ⅱ	대답	답	문답
물건	물 7Ⅱ	物 ↔ 心 7급	마음	심	물심
필	발 6Ⅱ	發 ↔ 着 5Ⅱ	붙을	착	발착
근본	본 6급	本 ↔ 末 5급	끝	말	본말
아비	부 8급	父 ↔ 母 8급	어미	모	부모
아비	부 8급	父 ↔ 子 7Ⅱ	아들	자	부자
나눌	분 6Ⅱ	分 ↔ 合 6급	합할	합	분합
얼음	빙 5급	氷 ↔ 炭 5급	숯	탄	빙탄
선비	사 5Ⅱ	士 ↔ 民 8급	백성	민	사민
죽을	사 6급	死 ↔ 活 7Ⅱ	살	활	사활
메	산 8급	山 ↔ 川 7급	내	천	산천
메	산 8급	山 ↔ 海 7Ⅱ	바다	해	산해
메	산 8급	山 ↔ 河 5급	물	하	산하
윗	상 7Ⅱ	上 ↔ 下 7Ⅱ	아래	하	상하

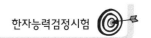

날	생 8급	生 ↔ 死	6급 죽을	사	생사
먼저	선 8급	先 ↔ 後	7Ⅱ 뒤	후	선후
착할	선 5급	善 ↔ 惡	5Ⅱ 악할	악	선악
이룰	성 6Ⅱ	成 ↔ 敗	5급 패할	패	성패
물	수 8급	水 ↔ 火	8급 불	화	수화
물	수 8급	水 ↔ 陸	5Ⅱ 뭍	륙	수륙
손	수 7Ⅱ	手 ↔ 足	7Ⅱ 발	족	수족
이길	승 6급	勝 ↔ 敗	5급 패할	패	승패
비로소	시 6Ⅱ	始 ↔ 末	5급 끝	말	시말
비로소	시 6Ⅱ	始 ↔ 終	5급 마칠	종	시종
새	신 6Ⅱ	新 ↔ 古	6급 예	고	신고
새	신 6Ⅱ	新 ↔ 舊	5Ⅱ 예	구	신구
신하	신 5Ⅱ	臣 ↔ 民	8급 백성	민	신민
마음	심 7급	心 ↔ 身	6Ⅱ 몸	신	심신
마음	심 7급	心 ↔ 體	6Ⅱ 몸	체	심체
사랑	애 6급	愛 ↔ 惡	5Ⅱ 미워할	오	애오
말씀	언 6급	言 ↔ 文	7급 글월	문	언문
말씀	언 6급	言 ↔ 行	6급 다닐	행	언행
멀	원 6급	遠 ↔ 近	6급 가까울	근	원근
달	월 8급	月 ↔ 日	8급 날	일	월일
있을	유 7급	有 ↔ 無	5급 없을	무	유무
소리	음 6Ⅱ	音 ↔ 訓	6급 가르칠	훈	음훈
사람	인 8급	人 ↔ 天	7급 하늘	천	인천
인할	인 5급	因 ↔ 果	6Ⅱ 실과	과	인과
들	입 7급	入 ↔ 落	5급 떨어질	락	입락
스스로	자 7Ⅱ	自 ↔ 他	5급 다를	타	자타

아들	자 7Ⅱ	子 ↔ 女	8급 계집	녀	자녀
어제	작 6Ⅱ	昨 ↔ 今	6Ⅱ 이제	금	작금
긴	장 8급	長 ↔ 短	6Ⅱ 짧을	단	장단
앞	전 7Ⅱ	前 ↔ 後	7Ⅱ 뒤	후	전후
바를	정 7Ⅱ	正 ↔ 反	6Ⅱ 돌이킬	반	정반
아침	조 6급	朝 ↔ 夕	7급 저녁	석	조석
아침	조 6급	朝 ↔ 野	6급 들	야	조야
할아비	조 7급	祖 ↔ 孫	6급 손자	손	조손
왼	좌 7Ⅱ	左 ↔ 右	7Ⅱ 오른	우	좌우
낮	주 6급	晝 ↔ 夜	6급 밤	야	주야
주인	주 7급	主 ↔ 客	5Ⅱ 손	객	주객
가운데	중 8급	中 ↔ 外	8급 바깥	외	중외
알	지 5Ⅱ	知 ↔ 行	6급 다닐	행	지행
하늘	천 7급	天 ↔ 地	7급 땅[따]	지	천지
쇠	철 5급	鐵 ↔ 石	6급 돌	석	철석
처음	초 5급	初 ↔ 終	5급 마칠	종	초종
봄	춘 7급	春 ↔ 秋	7급 가을	추	춘추
날	출 7급	出 ↔ 入	7급 들	입	출입
여름	하 7급	夏 ↔ 冬	7급 겨울	동	하동
배울	학 8급	學 ↔ 問	7급 물을	문	학문
찰	한 5급	寒 ↔ 熱	5급 더울	열	한열
찰	한 5급	寒 ↔ 溫	6급 따뜻할	온	한온
바다	해 7Ⅱ	海 ↔ 空	7Ⅱ 빌	공	해공
형	형 8급	兄 ↔ 弟	8급 아우	제	형제
화할	화 6Ⅱ	和 ↔ 戰	6Ⅱ 싸움	전	화전
가르칠	훈 6급	訓 ↔ 學	8급 배울	학	훈학
검을	흑 5급	黑 ↔ 白	8급 흰	백	흑백

두 개의 글자가 서로 뜻이 비슷하고 대등한 뜻을 가진 한자를 말합니다.

노래	가 7급	歌 - 曲	5급 굽을	곡	가곡
노래	가 7급	歌 - 樂	6II 노래	악	가악
노래	가 7급	歌 - 唱	5급 부를	창	가창
집	가 7II	家 - 室	8급 집	실	가실
집	가 7II	家 - 屋	5급 집	옥	가옥
집	가 7II	家 - 宅	5II 집	택	가택
강	강 7II	江 - 河	5급 물	하	강하
강할	강 6급	強 - 健	5급 굳셀	건	강건
손	객 5II	客 - 旅	5II 나그네	려	객려
들	거 5급	擧 - 動	7II 움직일	동	거동
세울	건 5급	建 - 立	7II 설	립	건립
격식	격 5II	格 - 式	6급 법	식	격식
맺을	결 5II	結 - 束	5II 묶을	속	결속
맺을	결 5II	結 - 約	5II 맺을	약	결약
다툴	경 5급	競 - 爭	5급 다툴	쟁	경쟁
볕	경 5급	景 - 光	6II 빛	광	경광
서울	경 6급	京 - 都	5급 도읍	도	경도
셀	계 6II	計 - 算	7급 셈	산	계산
셀	계 6II	計 - 數	7급 셈	수	계수
고할	고 5II	告 - 白	8급 흰	백	고백
고할	고 5II	告 - 示	5급 보일	시	고시
높을	고 6II	高 - 卓	5급 높을	탁	고탁

장인	공 7II	工 - 作	6II 지을	작	공작
한가지	공 6II	共 - 同	7급 한가지	동	공동
과목	과 6II	科 - 目	6급 눈	목	과목
실과	과 6II	果 - 實	5II 열매	실	과실
지날	과 5II	過 - 去	5급 갈	거	과거
지날	과 5II	過 - 失	6급 잃을	실	과실
빛	광 6II	光 - 明	6II 밝을	명	광명
빛	광 6II	光 - 色	7급 빛	색	광색
가르칠	교 8급	敎 - 訓	6급 가르칠	훈	교훈
구분할	구 6급	區 - 別	6급 다를	별	구별
구분할	구 6급	區 - 分	6II 나눌	분	구분
고을	군 6급	郡 - 邑	7급 고을	읍	군읍
군사	군 8급	軍 - 兵	5II 병사	병	군병
군사	군 8급	軍 - 士	5II 선비	사	군사
귀할	귀 5급	貴 - 重	7급 무거울	중	귀중
법	규 5급	規 - 格	5II 격식	격	규격
법	규 5급	規 - 例	6급 법식	례	규례
법	규 5급	規 - 式	6급 법	식	규식
법	규 5급	規 - 則	5급 법칙	칙	규칙
법	규 5급	規 - 度	6급 헤아릴	탁	규탁
뿌리	근 6급	根 - 本	6급 근본	본	근본
쇠	금 8급	金 - 鐵	5급 쇠	철	금철

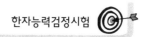

시험에 꼭! 출제되는 꾸러미

급할	급 6Ⅱ	急 – 速 6급	빠를	속	급속	
기록할	기 7Ⅱ	記 – 識 5Ⅱ	기록할	지	기지	
몸	기 5Ⅱ	己 – 身 6Ⅱ	몸	신	기신	
재주	기 5급	技 – 術 6Ⅱ	재주	술	기술	
해	년 8급	年 – 歲 5Ⅱ	해	세	연세	
말씀	담 5급	談 – 說 5Ⅱ	말씀	설	담설	
말씀	담 5급	談 – 言 6급	말씀	언	담언	
말씀	담 5급	談 – 話 7Ⅱ	말씀	화	담화	
집	당 6Ⅱ	堂 – 室 8급	집	실	당실	
그림	도 6Ⅱ	圖 – 畫 6급	그림	화	도화	
길	도 7Ⅱ	道 – 路 6급	길	로	도로	
길	도 7Ⅱ	道 – 理 6Ⅱ	다스릴	리	도리	
도읍	도 5급	都 – 市 7Ⅱ	저자	시	도시	
도읍	도 5급	都 – 邑 7급	고을	읍	도읍	
이를	도 5Ⅱ	到 – 着 5Ⅱ	붙을	착	도착	
골	동 7급	洞 – 里 7급	마을	리	동리	
한가지	동 7급	同 – 等 6Ⅱ	무리	등	동등	
한가지	동 7급	同 – 一 8급	한	일	동일	
머리	두 6급	頭 – 首 5Ⅱ	머리	수	두수	
무리	등 6Ⅱ	等 – 級 6급	등급	급	등급	
무리	등 6Ⅱ	等 – 類 5Ⅱ	무리	류	등류	
찰	랭 5급	冷 – 寒 5급	찰	한	냉한	
나그네	려 5Ⅱ	旅 – 客 5Ⅱ	손	객	여객	
익힐	련 5Ⅱ	練 – 習 6급	익힐	습	연습	

법식	례 6급	例 – 規 5급	법	규	예규	
법식	례 6급	例 – 法 5Ⅱ	법	법	예법	
법식	례 6급	例 – 式 6급	법	식	예식	
헤아릴	료 5급	料 – 量 5급	헤아릴	량	요량	
헤아릴	료 5급	料 – 度 6급	헤아릴	탁	요탁	
뭍	륙 5Ⅱ	陸 – 地 7급	땅[따]	지	육지	
목숨	명 7급	命 – 令 5급	하여금	령	명령	
밝을	명 6Ⅱ	明 – 白 8급	흰	백	명백	
밝을	명 6Ⅱ	明 – 朗 5Ⅱ	밝을	랑	명랑	
글월	문 7급	文 – 書 6Ⅱ	글	서	문서	
글월	문 7급	文 – 章 6급	글	장	문장	
물건	물 7Ⅱ	物 – 件 5급	물건	건	물건	
물건	물 7Ⅱ	物 – 品 5Ⅱ	물건	품	물품	
필	발 6Ⅱ	發 – 展 5Ⅱ	펼	전	발전	
모	방 7Ⅱ	方 – 道 7Ⅱ	길	도	방도	
모	방 7Ⅱ	方 – 正 7Ⅱ	바를	정	방정	
차례	번 6급	番 – 第 6Ⅱ	차례	제	번제	
법	법 5Ⅱ	法 – 規 5급	법	규	법규	
법	법 5Ⅱ	法 – 度 6급	법도	도	법도	
법	법 5Ⅱ	法 – 式 6급	법	식	법식	
법	법 5Ⅱ	法 – 典 5Ⅱ	법	전	법전	
법	법 5Ⅱ	法 – 則 5급	법칙	칙	법칙	
변할	변 5Ⅱ	變 – 改 5급	고칠	개	변개	
변할	변 5Ⅱ	變 – 化 5Ⅱ	될	화	변화	

병	병 6급	病 - 患	5급 근심	환	병환
병사	병 5Ⅱ	兵 - 士	5Ⅱ 선비	사	병사
병사	병 5Ⅱ	兵 - 卒	5Ⅱ 마칠	졸	병졸
받들	봉 5Ⅱ	奉 - 仕	5Ⅱ 섬길	사	봉사
떼	부 6Ⅱ	部 - 類	5Ⅱ 무리	류	부류
나눌	분 6Ⅱ	分 - 別	6급 나눌	별	분별
쓸	비 5급	費 - 用	6Ⅱ 쓸	용	비용
모일	사 6Ⅱ	社 - 會	6Ⅱ 모일	회	사회
생각	사 5급	思 - 考	5급 생각할	고	사고
생각	사 5급	思 - 念	5Ⅱ 생각	념	사념
선비	사 5Ⅱ	士 - 兵	5Ⅱ 병사	병	사병
일	사 7Ⅱ	事 - 業	6Ⅱ 업	업	사업
하여금	사 6급	使 - 令	5급 하여금	령	사령
셈	산 7급	算 - 數	7급 셈	수	산수
장사	상 5Ⅱ	商 - 量	5급 헤아릴	량	상량
날	생 8급	生 - 活	7Ⅱ 살	활	생활
날	생 8급	生 - 産	5Ⅱ 낳을	산	생산
가릴	선 5급	選 - 擧	5급 들	거	선거
착할	선 5급	善 - 良	5Ⅱ 어질	량	선량
말씀	설 5Ⅱ	說 - 話	7Ⅱ 말씀	화	설화
성품	성 5Ⅱ	性 - 心	7급 마음	심	성심
인간	세 7Ⅱ	世 - 界	6Ⅱ 지경	계	세계
인간	세 7Ⅱ	世 - 代	6Ⅱ 대신할	대	세대
나무	수 6급	樹 - 林	7급 수풀	림	수림
나무	수 6급	樹 - 木	8급 나무	목	수목
머리	수 5Ⅱ	首 - 頭	6급 머리	두	수두
때	시 7Ⅱ	時 - 期	5급 기약할	기	시기
비로소	시 6Ⅱ	始 - 初	5급 처음	초	시초
법	식 6급	式 - 典	5Ⅱ 법	전	식전
몸	신 6Ⅱ	身 - 體	6Ⅱ 몸	체	신체
열매	실 5Ⅱ	實 - 果	6Ⅱ 실과	과	실과
잃을	실 6급	失 - 敗	5급 패할	패	실패
마음	심 7급	心 - 性	5Ⅱ 성품	성	심성
아이	아 5Ⅱ	兒 - 童	6Ⅱ 아이	동	아동
맺을	약 5Ⅱ	約 - 結	5Ⅱ 맺을	결	약결
맺을	약 5Ⅱ	約 - 束	5Ⅱ 묶을	속	약속
기를	양 5Ⅱ	養 - 育	7급 기를	육	양육
말씀	언 6급	言 - 語	7급 말씀	어	언어
말씀	언 6급	言 - 談	5급 말씀	담	언담
말씀	언 6급	言 - 說	5Ⅱ 말씀	설	언설
길	영 6급	永 - 遠	6급 멀	원	영원
꽃부리	영 6급	英 - 特	6급 특별할	특	영특
완전할	완 5급	完 - 全	7Ⅱ 온전	전	완전
옮길	운 6급	運 - 動	7Ⅱ 움직일	동	운동
원할	원 5급	願 - 望	5Ⅱ 바랄	망	원망
클	위 5Ⅱ	偉 - 大	8급 큰	대	위대
뜻	의 6급	意 - 思	5급 생각	사	의사
옷	의 6급	衣 - 服	6급 옷	복	의복
스스로	자 7Ⅱ	自 - 己	5Ⅱ 몸	기	자기
재주	재 6급	才 - 術	6Ⅱ 재주	술	재술

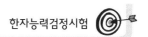

법	전 5Ⅱ	典 － 例 6급 법식	례	전례
싸움	전 6Ⅱ	戰 － 爭 5급 다툴	쟁	전쟁
뜰	정 6Ⅱ	庭 － 園 6급 동산	원	정원
뜻	정 5Ⅱ	情 － 意 6Ⅱ 뜻	의	정의
머무를	정 5급	停 － 住 7급 살	주	정주
머무를	정 5급	停 － 止 5급 그칠	지	정지
바를	정 7Ⅱ	正 － 直 7Ⅱ 곧을	직	정직
제목	제 6Ⅱ	題 － 目 6급 눈	목	제목
차례	제 6Ⅱ	第 － 宅 5Ⅱ 집	택	제택
고를	조 5Ⅱ	調 － 和 6Ⅱ 화할	화	조화
마칠	종 5급	終 － 結 5Ⅱ 맺을	결	종결
마칠	종 5급	終 － 末 5급 끝	말	종말
마칠	종 5급	終 － 止 5급 그칠	지	종지
허물	죄 5급	罪 － 過 5Ⅱ 지날	과	죄과
고을	주 5Ⅱ	州 － 郡 6급 고을	군	주군
알	지 5Ⅱ	知 － 識 5Ⅱ 알	식	지식
바탕	질 5Ⅱ	質 － 朴 6급 성	박	질박
바탕	질 5Ⅱ	質 － 正 7Ⅱ 바를	정	질정
모을	집 6Ⅱ	集 － 會 6Ⅱ 모일	회	집회
모을	집 6Ⅱ	集 － 團 5Ⅱ 둥글	단	집단
부를	창 5급	唱 － 歌 7급 노래	가	창가
꾸짖을	책 5Ⅱ	責 － 任 5Ⅱ 맡길	임	책임
푸를	청 8급	靑 － 綠 6급 푸를	록	청록
마디	촌 8급	寸 － 節 5Ⅱ 마디	절	촌절

마을	촌 7급	村 － 里 7급 마을	리	촌리
마을	촌 7급	村 － 落 5Ⅱ 떨어질	락	촌락
날	출 7급	出 － 生 7Ⅱ 날	생	출생
헤아릴	탁 6급	度 － 量 5급 헤아릴	량	탁량
흙	토 8급	土 － 地 7급 땅[따]	지	토지
밝을	통 7급	洞 － 通 6급 통할	통	통통
패할	패 5급	敗 － 亡 5급 망할	망	패망
패할	패 5급	敗 － 北 8급 달아날	배	패배
편할	편 7급	便 － 安 7Ⅱ 편안	안	편안
평평할	평 7Ⅱ	平 － 等 6Ⅱ 무리	등	평등
평평할	평 7Ⅱ	平 － 安 7Ⅱ 편안	안	평안
평평할	평 7Ⅱ	平 － 和 6Ⅱ 화할	화	평화
물건	품 5Ⅱ	品 － 件 5Ⅱ 물건	건	품건
물	하 5급	河 － 川 7급 내	천	하천
배울	학 8급	學 － 習 6급 익힐	습	학습
찰	한 5급	寒 － 冷 5급 찰	랭	한랭
바다	해 7Ⅱ	海 － 洋 6급 큰바다	양	해양
다닐	행 6급	行 － 動 7Ⅱ 움직일	동	행동
허락할	허 5급	許 － 可 5급 옳을	가	허가
모양	형 6Ⅱ	形 － 式 6급 법	식	형식
말씀	화 7Ⅱ	話 － 言 6급 말씀	언	화언
모일	회 6Ⅱ	會 － 社 6Ⅱ 모일	사	회사
흉할	흉 5Ⅱ	凶 － 惡 5Ⅱ 악할	악	흉악

값	가	價	≠	賣	팔	매	몸	기	己 ≠ 已 이미 이
느낄	감	感	≠	盛	성할	성	안	내	內 ≠ 丙 남녘 병
열	개	開	≠	聞	들을	문	농사	농	農 ≠ 晨 새벽 신
손	객	客	≠	各	각각	각	많을	다	多 ≠ 夕 저녁 석
굳셀	건	健	≠	建	세울	건	단	단	壇 ≠ 檀 박달나무 단
생각할	고	考	≠	老	늙을	로	마땅	당	當 ≠ 富 부자 부
쓸	고	苦	≠	若	같을	약	기다릴	대	待 ≠ 侍 모실 시
예	고	古	≠	吉	길할	길	대신할	대	代 ≠ 伐 칠 벌
굽을	곡	曲	≠	由	말미암을	유	큰	대	大 ≠ 太 클 태
공	공	功	≠	攻	칠	공	법도	도	度 ≠ 席 자리 석
과목	과	科	≠	料	헤아릴	료	섬	도	島 ≠ 鳥 새 조
실과	과	果	≠	東	동녘	동	동녘	동	東 ≠ 束 묶을 속
가르칠	교	敎	≠	校	학교	교	오를	등	登 ≠ 發 필 발
사귈	교	交	≠	父	아비	부	떨어질	락	落 ≠ 洛 물이름 락
공	구	球	≠	救	구원할	구	즐길	락	樂 ≠ 藥 약 약
아홉	구	九	≠	力	힘	력	나그네	려	旅 ≠ 族 겨레 족
군사	군	軍	≠	車	수레	거/차	지날	력	歷 ≠ 曆 책력 력
이제	금	今	≠	令	하여금	령	법식	례	例 ≠ 列 벌일 렬
쇠	금	金	≠	全	온전	전	늙을	로	老 ≠ 孝 효도 효
기	기	旗	≠	族	겨레	족	푸를	록	綠 ≠ 緣 인연 연

오얏	리	李 ≠ 季	계절	계
끝	말	末 ≠ 未	아닐	미
살	매	買 ≠ 賣	팔	매
이름	명	名 ≠ 各	각각	각
어미	모	母 ≠ 每	매양	매
나무	목	木 ≠ 水	물	수
물을	문	問 ≠ 聞	들을	문
백성	민	民 ≠ 氏	각시	씨
나눌	반	班 ≠ 辨	분별할	변
반	반	半 ≠ 牛	소	우
곱	배	倍 ≠ 培	북돋울	배
흰	백	白 ≠ 百	일백	백
근본	본	本 ≠ 木	나무	목
지아비	부	夫 ≠ 天	하늘	천
북녘	북	北 ≠ 比	견줄	비
아닐	불	不 ≠ 下	아래	하
견줄	비	比 ≠ 以	써	이
넉	사	四 ≠ 西	서녘	서
모일	사	社 ≠ 杜	막을	두
메	산	山 ≠ 出	날	출
빛	색	色 ≠ 邑	고을	읍
글	서	書 ≠ 晝	낮	주

돌	석	石 ≠ 右	오른	우
자리	석	席 ≠ 度	법도	도
먼저	선	先 ≠ 光	빛	광
눈	설	雪 ≠ 雲	구름	운
성	성	姓 ≠ 性	성품	성
작을	소	小 ≠ 少	적을	소
손자	손	孫 ≠ 係	맬	계
머리	수	首 ≠ 頁	머리	혈
손	수	手 ≠ 毛	털	모
이길	승	勝 ≠ 騰	오를	등
저자	시	市 ≠ 巾	수건	건
새	신	新 ≠ 親	친할	친
신하	신	臣 ≠ 巨	클	거
잃을	실	失 ≠ 矢	화살	시
사랑	애	愛 ≠ 受	받을	수
약	약	藥 ≠ 樂	즐길	락
고기	어	魚 ≠ 漁	고기잡을	어
말씀	어	語 ≠ 話	말씀	화
길	영	永 ≠ 氷	얼음	빙
낮	오	午 ≠ 牛	소	우
임금	왕	王 ≠ 玉	구슬	옥
쓸	용	用 ≠ 冊	책	책

오를	우 右 ≠ 左 왼	좌	무거울	중 重 ≠ 里 마을	리
기름	유 油 ≠ 注 부을	주	그칠	지 止 ≠ 正 바를	정
말미암을	유 由 ≠ 田 밭	전	붙을	착 着 ≠ 看 볼	간
마실	음 飮 ≠ 飯 밥	반	꾸짖을	책 責 ≠ 靑 푸를	청
사람	인 人 ≠ 入 들	입	일천	천 千 ≠ 干 방패	간
날	일 日 ≠ 曰 가로	왈	채울	충 充 ≠ 流 흐를	류
놈	자 者 ≠ 考 생각할	고	이를	치 致 ≠ 到 이를	도
어제	작 昨 ≠ 作 지을	작	일곱	칠 七 ≠ 匕 비수	비
긴	장 長 ≠ 辰 별	진	다를	타 他 ≠ 地 땅[따]	지
있을	재 在 ≠ 存 있을	존	칠	타 打 ≠ 材 재목	재
재목	재 材 ≠ 村 마을	촌	흙	토 土 ≠ 士 선비	사
재주	재 才 ≠ 寸 마디	촌	널	판 板 ≠ 版 판목	판
붉을	적 赤 ≠ 亦 또	역	여덟	팔 八 ≠ 人 사람	인
아우	제 弟 ≠ 第 차례	제	편할	편 便 ≠ 使 하여금	사
잡을	조 操 ≠ 燥 마를	조	반드시	필 必 ≠ 心 마음	심
마칠	졸 卒 ≠ 率 거느릴	솔	물	하 河 ≠ 何 어찌	하
허물	죄 罪 ≠ 罰 벌할	벌	다행	행 幸 ≠ 辛 매울	신
고을	주 州 ≠ 洲 물가	주	모양	형 形 ≠ 刑 형벌	형
살	주 住 ≠ 注 부을	주	그림	화 畫 ≠ 晝 낮	주
주인	주 主 ≠ 王 임금	왕	근심	환 患 ≠ 忠 충성	충
가운데	중 中 ≠ 申 납	신	검을	흑 黑 ≠ 墨 먹	묵

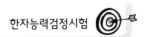

시험에 꼭! 출제되는 꾸러미

한자성어 · 사자성어 · 고사성어

- 漢字成語란 우리말의 속담이나 격언 등을 한자로 옮겨 쓴 것을 말합니다.
- 四字成語란 우리말 중에서 4음절로 이루어진 한자어 낱말을 이르는 말입니다.
- 故事成語란 옛날부터 전해 내려오는 내력이 있는 일을 표현한 어구로써 옛사람들이 만든 말을 뜻합니다.

價格競爭 **가격경쟁**
기업들끼리 서로 가격을 낮추는 경쟁.

各人各色 **각인각색**
사람마다 각각 다름.

見物生心 **견물생심**
물건을 보게 되면 그것을 가지고 싶은 욕심이 생김.

決死反對 **결사반대**
죽기를 각오하고 있는 힘을 다하여 반대함.

敬天愛人 **경천애인**
하늘을 공경하고 인간을 사랑함.

高山流水 **고산유수**
'높은 산과 그 곳에 흐르는 물'이라는 뜻에서, '맑은 자연'을 비유하여 이르는 말.

公明正大 **공명정대**
마음이 공명하며, 조금도 사사로움이 없이 바름.

交友以信 **교우이신**
'벗은 믿음으로써 사귀어야 한다.'는 세속 오계의 하나.

敎學相長 **교학상장**
가르치고 배우면서 더불어 성장함.

九死一生 **구사일생**
'아홉 번 죽을 뻔하다 한 번 살아난다.'는 뜻.

今時初聞 **금시초문**
지금 처음으로 들음. 듣느니 처음.

男女老少 **남녀노소**
'남자와 여자, 늙은이와 젊은이'란 뜻.

男女有別 **남녀유별**
'남자와 여자 사이에 분별이 있어야 함'을 이르는 말.

老少同樂 **노소동락**
늙은이와 젊은이가 함께 즐김.

農林水産 **농림수산**
농산물, 잠업, 식량, 농촌 개발, 수리(水利), 축산에 관한 일.

大明天地 **대명천지**
아주 환하게 밝은 세상.

同苦同樂 **동고동락**
괴로움과 즐거움을 함께 함.

同姓同本 **동성동본**
성(姓)과 본관(本貫)이 모두 같음.

東問西答 **동문서답**
물음과는 전혀 상관없는 엉뚱한 대답. 문동답서(問東答西).

東西古今 **동서고금**
동양과 서양, 옛날과 지금을 통틀어 이르는 말.

無男獨女 **무남독녀**

아들이 없는 집안의 외동딸.

聞一知十 **문일지십**

'하나를 듣고 열 가지를 미루어 안다.'는 뜻에서, '매우 총명함'을 비유하여 이르는 말.

門前成市 **문전성시**

'집 문 앞이 시장을 이룬다.'는 뜻.

白面書生 **백면서생**

한갓 글만 읽어서 세상일에 전혀 경험이 없는 사람.

百發百中 **백발백중**

'백 번 쏘아 백 번 맞힌다.'는 뜻.

白衣民族 **백의민족**

'흰옷을 입은 민족'이라는 뜻으로, '우리 민족'을 이르는 말.

百戰百勝 **백전백승**

싸울 때마다 다 이김. 백전불패(百戰不敗).

不遠千里 **불원천리**

천 리 길도 멀다고 여기지 않음.

不老長生 **불로장생**

늙지 아니하고 오래 삶. 장생불로(長生不老).

不問曲直 **불문곡직**

옳고 그름을 묻지 아니함. 곡직불문(曲直不問).

不買運動 **불매운동**

상품에 대한 항의나 저항의 뜻을 표하기 위하여 그 상품을 사지 않는 일.

父子有親 **부자유친**

'아버지와 아들의 도리는 친애함에 있음'을 이르는 말.

父傳子傳 **부전자전**

대대로 아버지가 아들에게 전함. 부자상전(父子相傳). 부전자승(父傳子承).

北窓三友 **북창삼우**

'거문고, 술, 시(詩)'를 아울러 이르는 말.

氷上競技 **빙상경기**

얼음 위에서 하는 여러 가지 경기를 이르는 말.

四方八方 **사방팔방**

여기저기 모든 방향이나 방면.

士農工商 **사농공상**

(예전에) 백성을 나누던 네 가지 계급으로, '선비, 농부(農夫), 장인(匠人), 상인(商人)'을 이르던 말.

山川草木 **산천초목**

'산과 내와 풀과 나무'라는 뜻.

山高水長 **산고수장**

'산은 높고 강은 길게 흐른다.'는 뜻.

山戰水戰 **산전수전**

'산에서도 싸우고 물에서도 싸웠다.'는 뜻.

生年月日 **생년월일**

태어난 해와 달과 날.

生死苦樂 **생사고락**

'삶과 죽음, 괴로움과 즐거움'을 아울러 이르는 말.

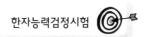
生命工學 **생명공학**

생명 현상, 생물 기능 그 자체를 인위적으로 조작하여 물질의 생산이나 검출 등에 이용하는 기술.

先史時代 **선사시대**

문헌 사료가 전혀 존재하지 않는 석기 시대, 청동기 시대.

善男善女 **선남선녀**

'착한 남자와 여자'라는 뜻에서, '착하고 어진 사람'들을 이르는 말.

世上萬事 **세상만사**

세상에서 일어나는 온갖 일.

身土不二 **신토불이**

'몸과 땅은 둘이 아니고 하나'라는 뜻.

十中八九 **십중팔구**

'열 가운데 여덟이나 아홉 정도'라는 말.

安心立命 **안심입명**

자신의 불성(佛性)을 깨닫고 삶과 죽음을 초월함으로써 마음의 편안함을 얻는 것을 이르는 말.

安分知足 **안분지족**

편안한 마음으로 제 분수(分數)를 지키며 만족할 줄을 앎.

野生動物 **야생동물**

산이나 들에서 그대로 자라는 동물.

良藥苦口 **양약고구**

'좋은 약은 입에 쓰다.'는 뜻에서, '충고하는 말은 귀에 거슬리나 자신에게 이로움'을 비유하여 이르는 말.

語不成說 **어불성설**

말이 조금도 사리에 맞지 않음.

言行一致 **언행일치**

말과 행동이 서로 같음.

旅行案內 **여행안내**

여행하는 사람의 편의를 위하여 교통 및 명승고적, 숙박 따위를 자세히 안내하는 일.

樂山樂水 **요산요수**

'산을 좋아하고 물을 좋아한다.'는 뜻.

遠洋漁業 **원양어업**

먼 바다를 수십 일 또는 수개월씩에 걸쳐 항해하며 하는 어업.

有名無實 **유명무실**

이름뿐이고 실속은 없음.

有口無言 **유구무언**

'입은 있으나 할 말이 없다.'는 뜻에서, '변명할 말이 없음'을 이르는 말.

類萬不同 **유만부동**

① 비슷한 것이 많으나 서로 같지 아니함.
② 정도에 넘기거나 분수에 맞지 아니함.

以實直告 **이실직고**

사실 그대로 고함.

以心傳心 **이심전심**

마음에서 마음으로 서로 뜻을 전함. 심심상인(心心相印).

人事不省 **인사불성**

제 몸에 벌어지는 일을 모를 만큼 정신을 잃은 상태.

* **人命在天** 인명재천

'사람의 목숨은 하늘에 달려 있다.'는 뜻에서, '목숨의 길고 짧음은 하늘에 매여 있어서 사람의 힘으로 어쩔 수 없음'을 이르는 말.

* **一朝一夕** 일조일석

'하루아침과 하루 저녁'이란 뜻.

* **一長一短** 일장일단

'한 쪽의 장점과 다른 한 쪽의 단점'이라는 말.

* **一口二言** 일구이언

'한 입으로 두 말을 한다.'는 뜻.

* **立春大吉** 입춘대길

입춘을 맞이하여 길운을 기원하며 벽이나 대문 따위에 써 붙이는 글귀.

* **子孫萬代** 자손만대

오래도록 내려오는 여러 대. 세세손손(世世孫孫). 대대손손(代代孫孫).

* **自手成家** 자수성가

물려받은 재산이 없이 자기 혼자의 힘으로 집안을 일으키고 재산을 모음.

* **自由自在** 자유자재

자기 뜻대로 모든 것이 자유롭고 거침이 없음.

* **自給自足** 자급자족

자기에게 필요한 물자를 스스로 생산하여 충당함.

* **作心三日** 작심삼일

'마음먹은 것이 사흘을 가지 못한다.'는 뜻.

* **前無後無** 전무후무

이전에도 없었고 앞으로도 있을 수 없음. 공전절후(空前絶後). 광전절후(曠前絶後).

* **電光石火** 전광석화

'번갯불이나 부싯돌의 불이 번쩍임'이라는 뜻.

* **朝變夕改** 조변석개

'아침저녁으로 뜯어고친다.'는 뜻에서, '계획이나 결정 따위를 자주 고치는 것'을 이르는 말.

* **主客一體** 주객일체

주체(主體)와 객체(客體)가 하나가 됨.

* **知過必改** 지과필개

'허물을 알면 반드시 고쳐야 함.'을 이르는 말.

* **天下第一** 천하제일

세상에 견줄 만한 것이 없이 최고임.

* **天災地變** 천재지변

지진·홍수·태풍 따위의 자연현상으로 일어나는 재앙이나 괴변.

* **清風明月** 청풍명월

맑은 바람과 밝은 달. 풍월(風月).

* **靑山流水** 청산유수

'푸른 산에 흐르는 맑은 물'이라는 뜻에서, '말을 막힘없이 잘하는 모양 또는 그렇게 하는 말'을 비유하여 이르는 말.

* **草食動物** 초식동물

풀을 주로 먹고사는 동물.

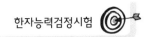

시험에 꾁! 출제되는 꾸러미

- 草家三間 초가삼간

'세 칸의 초가'라는 뜻으로, 아주 작은 집을 이르는 말.

- 秋風落葉 추풍낙엽

'가을바람에 떨어지는 나뭇잎'이라는 뜻에서, '형세나 세력이 갑자기 기울어지거나 시듦'을 비유하여 이르는 말.

- 土木工事 토목공사

땅과 하천 따위를 고쳐 만드는 공사.

- 八道江山 팔도강산

팔도의 강산이라는 뜻으로, 우리나라 전체의 강산을 이르는 말.

- 八方美人 팔방미인

어느 모로 보나 아름다운 사람, 또는 여러 방면에 능통한 사람.

- 敗家亡身 패가망신

집안의 재산을 다 써 없애고 몸을 망침.

- 花朝月夕 화조월석

'꽃 피는 아침과 달 밝은 밤'이라는 뜻.

- 訓民正音 훈민정음

'백성을 가르치는 바른 소리'라는 뜻으로, 1443년에 세종이 창제한 우리나라 글자를 이르는 말.

약자(略字)

글자의 획수를 줄여서 쓴 글자를 말합니다.

区	區(구분할 구)	昼	晝(낮 주)
対	對(대할 대)	体	體(몸 체)
図	圖(그림 도)	号	號(이름 호)
読	讀(읽을 독)	画	畫(그림 화)
楽	樂(즐길 락)	会	會(모일 회)
礼	禮(예도 례)	気	氣(기운 기)
発	發(필 발)	来	來(올 래)
薬	藥(약 약)	数	數(셈 수)
医	醫(의원 의)	国	國(나라 국)
战戰	戰(싸움 전)	万	萬(일만 만)
宅	定(정할 정)	学	學(배울 학)

(사) 한국어문회 주관

한자능력 검정시험

예상문제 5급

▷ 1회 ~ 15회

정답과 해설은 157 ~ 179쪽에 있습니다.

01회

한자능력검정시험 5급 예상문제

(사) 한국어문회 주관	
합격문항	70문항
시험시간	50분
정 답	157쪽

01 다음 밑줄 친 漢字語의 讀音을 쓰세요.

01~35번

|보기|

讀音 → [독음]

01 농부는 비가 오기를 **苦待**하였다.

.... [   ]

02 새로운 학습 **教具**를 준비하였다.

.... [   ]

03 신문에 구인**廣告**를 냈다.

.... [   ]

04 아름다운 **湖島**를 배경으로 사진을 찍었다. .... [   ]

05 친구들과 다정하게 **對話**를 나누었다.

.... [   ]

06 빼앗겼던 **貴重**한 문화재를 되찾았다.

.... [   ]

07 만일의 사태를 **念頭**에 둘 것을 지시하였다.

.... [   ]

08 아버지는 **電鐵**을 타고 출·퇴근하신다.

.... [   ]

09 그는 민족의 **英雄**이다.

.... [   ]

10 아버지의 **給料**가 인상되었다.

.... [   ]

11 사람들은 전통혼례를 **舊式**이라고 한다.

.... [   ]

12 기계화로 상품의 **量産**이 가능하였다.

.... [   ]

13 이 기계는 **操作**이 간단하다.

.... [   ]

14 유가 폭등으로 **輕油** 차량이 늘어 났다.

.... [   ]

15 우리는 **練習**할 때보다 더 잘했다.

.... [   ]

16 파도가 심해서 **船室** 안으로 들어왔다.

.... [   ]

17 공개 모집한 작품을 **展示**하였다.

.... [   ]

18 시청에서는 광장 사용을 **不許**하였다.

.... [   ]

19 산에 올라 **新鮮**한 공기를 마셨다.

.... [   ]

20 1에서 30까지 중 5의 **倍數**를 쓰시오.

.... [   ]

21 그는 <u>長考</u> 끝에 바둑 돌을 놓았다.

······················· [   ]

22 이번 모임에는 회원 전원이 <u>參席</u>했다.

······················· [   ]

23 그는 남을 웃기는 <u>特技</u>를 가졌다.

······················· [   ]

24 모두 흥겨운 <u>曲調</u>에 맞춰 춤을 추었다.

······················· [   ]

25 선생님이 들어오시자 시선이 <u>集中</u>되었다.

······················· [   ]

26 보육원 <u>建立</u>을 위해 기금을 모았다.

······················· [   ]

27 통일은 우리 민족의 <u>宿願</u>이다.

······················· [   ]

28 그는 어려서부터 <u>美術</u> 감각을 키워왔다.

······················· [   ]

29 <u>景品</u>으로 카메라를 받았다.

······················· [   ]

30 이야기를 예로 들어가며 <u>理致</u>를 설명했다.

······················· [   ]

31 병사들은 <u>先任</u>하사의 지시를 따랐다.

······················· [   ]

32 이 세상에는 많은 <u>種類</u>의 직업이 있다.

······················· [   ]

33 백두산의 절경을 <u>愛賞</u>하였다.

······················· [   ]

34 사원들은 <u>社屋</u> 신축을 찬성했다.

······················· [   ]

35 물건을 <u>都賣</u> 가격으로 팔았다.

······················· [   ]

02 다음 漢字의 訓과 音을 쓰세요. 36~58번

| 보기 |

字 → [글자 자]

36 壇 [   ] 37 結 [   ]

38 間 [   ] 39 堂 [   ]

40 使 [   ] 41 氷 [   ]

42 領 [   ] 43 爭 [   ]

44 板 [   ] 45 史 [   ]

46 健 [   ] 47 最 [   ]

48 班 [   ] 49 葉 [   ]

50 買 [   ] 51 算 [   ]

52 到 [   ] 53 流 [   ]

54 停 [   ] 55 團 [   ]

56 談 [   ] 57 福 [   ]

58 害 [   ]

03 다음 밑줄 친 漢字語를 漢字로 쓰세요.

59~73번

| 보기 |

한자 → [漢字]

59 그는 두려워하는 **기색**이 없었다.

…………………… [　　　　]

60 자신의 의견을 **강력**하게 주장하였다.

…………………… [　　　　]

61 "무슨 **면목**으로 부모님을 대할 수 있겠습
니까?" …………… [　　　　]

62 특별전은 밤에도 **시민**에게 공개되었다.

…………………… [　　　　]

63 '금루(禁漏)'는 궁중의 물**시계**입니다.

…………………… [　　　　]

64 방학이면 **외가**에 가서 외할머니를 뵈었다.

…………………… [　　　　]

65 원고지에 글을 쓸 때, **본문**은 제목과 이
름을 쓴 다음 한 줄을 띄우고 씁니다.

…………………… [　　　　]

66 새로 쏘아 올린 **인공**위성은 우주에서 지
구 표면의 상태를 관측하게 될 것입니다.

…………………… [　　　　]

67 멧돼지가 마을에 **출현**하여 농작물을 망
치고 있다. ………… [　　　　]

68 종이로 만든 꽃은 진짜와 **구별**하기가 어려
웠다. ………………… [　　　　]

69 우리 팀은 **약체** 팀을 가볍게 꺾었다.

…………………… [　　　　]

70 한강 둔치 마당에 체육**공원**을 만들었다.

…………………… [　　　　]

71 마을 주민들은 **도서**관 건립을 건의하였다.

…………………… [　　　　]

72 평일인데도 **도로**에 차들이 붐볐다.

…………………… [　　　　]

73 그는 학교에 결석한 **사유**를 선생님께 말
씀드렸다. …………… [　　　　]

04 다음 訓과 音에 맞는 漢字를 쓰세요. 74~78번

|보기|

글자 자 → [字]

74 아이 동 [　　　] **75** 화할 화 [　　　]

76 노래 가 [　　　] **77** 겨레 족 [　　　]

78 있을 재 [　　　]

05 다음 한자와 뜻이 相對 또는 反對되는 한자를
쓰세요. 79~81번

79 黑 ↔ [　　　] **80** 物 ↔ [　　　]

81 [　　　] ↔ 敗

06 다음 [　　]에 들어갈 漢字를 |보기|에서 찾아
그 번호를 써서 漢字語를 만드세요. 82~85번

|보기|

① 西問　② 西答　③ 月夕　④ 日落
⑤ 入命　⑥ 立命　⑦ 河川　⑧ 河淸

82 東問 [　　　]　83 百年 [　　　]

84 花朝 [　　　]　85 安心 [　　　]

07 다음 漢字와 뜻이 같거나 비슷한 漢字를 |보기|에서 찾아 그 번호를 쓰세요. 　86~88번

|보기|

① 衣　② 始　③ 江　④ 冷　⑤ 終　⑥ 思

86 意 = [　　　]　87 寒 = [　　　]

88 [　　　] = 初

08 다음 漢字와 음이 같은 漢字를 골라 그 번호를 쓰세요. 　89~91번

|보기|

① 相　② 店　③ 仙　④ 宅　⑤ 束　⑥ 藥

89 約 - [　　　]　90 商 - [　　　]

91 選 - [　　　]

09 다음 漢字語의 뜻을 쓰세요. 　92~94번

92 責善 : [　　　　　　　　]

93 寫生 : [　　　　　　　　]

94 自他 : [　　　　　　　　]

10 다음 漢字의 약자(획수를 줄인 漢字)를 쓰세요. 　95~97번

95 號 - [　　　]　96 樂 - [　　　]

97 會 - [　　　]

11 다음 漢字의 색이 다른 획은 몇 번째 쓰는지 |보기|에서 찾아 그 번호를 쓰세요. 　98~100번

|보기|

① 첫 번째　　② 두 번째　　③ 세 번째
④ 네 번째　　⑤ 다섯 번째　⑥ 여섯 번째
⑦ 일곱 번째　⑧ 여덟 번째　⑨ 아홉 번째

98 番 ………… [　　　]

99 植 ………… [　　　]

100 雪 ………… [　　　]

02회

한자능력검정시험 5급
예상문제

(사) **한국어문회** 주관	
합격문항	70문항
시험시간	50분
정 답	158쪽

01 다음 밑줄 친 漢字語의 讀音을 쓰세요.

01~35번

|보기|

讀音 → [독음]

01 그는 미술에 **特技**가 있다.

.... [   ]

02 계통에 따라 동물을 **分類**하였다.

.... [   ]

03 탐관오리는 세금을 **不當**하게 거두었다.

.... [   ]

04 책 한 권을 **筆寫**하는데 꽤 많은 시간이 걸렸다.

.... [   ]

05 통일의 **偉業**을 이룩하기를 염원하였다.

.... [   ]

06 판사는 피고의 **罪質**이 무겁다고 하였다.

.... [   ]

07 최소한의 **具色**은 갖추어야한다.

.... [   ]

08 이 문제는 한 번 더 **再考**해야 한다.

.... [   ]

09 농작물의 **冷害** 방지 대책을 세웠다.

.... [   ]

10 처방전을 받아 **藥局**에서 약을 지었다.

.... [   ]

11 무장 해적들이 **商船**을 공격하였다.

.... [   ]

12 오늘은 참 **幸福**한 날이다.

.... [   ]

13 정성껏 **患者**를 보살폈다.

.... [   ]

14 동생에게 자세히 **說明**해 주었다.

.... [   ]

15 불에 타 버린 남대문이 **重建**되었다.

.... [   ]

16 지구 온난화로 남극의 **氷河**가 녹고 있다.

.... [   ]

17 어머니는 **花壇**에 채송화를 심었다.

.... [   ]

18 출마자는 질문 **洗禮**를 받았다.

.... [   ]

19 한가롭게 노를 젓는 **情景**이 그림 같다.

.... [   ]

20 기자들의 취재 **競爭**이 뜨거웠다.

.... [   ]

21 강 주변에 **村落**이 형성되었다.

.... [   ]

22 월요일 아침 **朝會**가 끝났다.

.... [   ]

23 그는 사기죄로 경찰에 **告發**되었다.

.... [   ]

24 전쟁에 나간 많은 **兵卒**과 장수가 죽었다.

.... [   ]

25 외래어의 사용 실태를 **調査**했다.

.... [   ]

26 부모님이 잘못을 **責望**하실까 불안했다.

.... [   ]

27 품질 **規格** 인증을 획득하였다.

.... [   ]

28 속도위반 **團束**이 강화되었다.

.... [   ]

29 나는 그와 둘도 없는 **親舊**이다.

.... [   ]

30 그녀는 뛰어난 재주와 **德性**을 지녔다.

.... [   ]

31 태풍 때문에 통신이 **完全**히 마비되었다.

.... [   ]

32 동상 건립을 위해 **基金**을 마련하였다.

.... [   ]

33 아버지는 '승용차 **曜日**제'에 참여하셨다.

.... [   ]

34 옥수수를 **加工**하여 과자를 만들었다.

.... [   ]

35 윗사람의 딸을 높여 '**令愛**'라고 한다.

.... [   ]

---

02 다음 漢字의 訓과 音을 쓰세요.   36~58번

| 보기 |

字 → [글자 자]

36 汽 [   ]   37 種 [   ]

38 熱 [   ]   39 輕 [   ]

40 卓 [   ]   41 奉 [   ]

42 戰 [   ]   43 致 [   ]

44 號 [   ]   45 野 [   ]

46 案 [   ]   47 選 [   ]

48 費 [   ]   49 最 [   ]

50 鐵 [   ]   51 談 [   ]

52 價 [   ]   53 記 [   ]

54 課 [   ]   55 倍 [   ]

56 赤 [   ]   57 領 [   ]

58 陸 [   ]

03 다음 밑줄 친 漢字語를 漢字로 쓰세요.

59~73번

| 보기 |

한자 → [漢字]

59 그의 실력은 빠른 **속도**로 향상되었다.

.... [   ]

60 논술 공부에 **신문** 사설을 참고하였다.

　　　　　　　　　　　[　　　　　]

61 서로 자기 팀의 **승리**를 확신하였다.

　　　　　　　　　　　[　　　　　]

62 여름에는 **하복**을 입고 등교합니다.

　　　　　　　　　　　[　　　　　]

63 영양분이 충분히 공급되어야 **식물**이 잘 자란다. 　　　　　　[　　　　　]

64 문제집에는 **정답**과 해설이 있습니다.

　　　　　　　　　　　[　　　　　]

65 놀이동산은 **동심**의 세계를 느끼도록 꾸며졌다.

　　　　　　　　　　　[　　　　　]

66 연어는 알을 낳기 위해 **모천**으로 돌아오는 습성이 있다. 　　　[　　　　　]

67 독서를 통하여 많은 **교훈**을 얻는다.

　　　　　　　　　　　[　　　　　]

68 환경 파괴는 우리 **후손**에게 재앙을 가져 다 줄 것이다. 　　[　　　　　]

69 새로 이사 온 곳은 **정원**이 아담한 주택이었다.

　　　　　　　　　　　[　　　　　]

70 그들의 토론은 **주제**에서 많이 벗어나 있었다.

　　　　　　　　　　　[　　　　　]

71 물건 운반에 **주의**를 당부하셨다.

　　　　　　　　　　　[　　　　　]

72 그 소문은 삼시간에 **읍내**까지 퍼졌다.

　　　　　　　　　　　[　　　　　]

73 아버지는 **석양** 무렵에 돌아오셨다.

　　　　　　　　　　　[　　　　　]

04 다음 訓과 音에 맞는 漢字를 쓰세요. 74~78번

|보기|

글자 자 → [字]

74 익힐 습 [　　　]　　**75** 다스릴 리 [　　　]

76 적을 소 [　　　]　　**77** 모을 집 [　　　]

78 반　　반 [　　　]

05 다음 漢字와 뜻이 상대 또는 반대되는 漢字를 쓰세요. 79~81번

79 [　　　　] ↔ 末　**80** 因 ↔ [　　　　]

81 勞 ↔ [　　　　]

06 다음 [　　]에 들어갈 漢字를 |보기|에서 찾아 그 번호를 써서 漢字語를 만드세요. 82~85번

|보기|

① 人間　② 美人　③ 父傳　④ 夫傳

⑤ 一言　⑥ 無言　⑦ 亡信　⑧ 亡身

82 敗家 [　　　]　　**83** 八方 [　　　]

84 有口 [　　　]　　**85** [　　　] 子傳

07 다음 漢字와 뜻이 같거나 비슷한 漢字를 |보기| 에서 찾아 그 번호를 쓰세요.　86~88번

|보기|

① 止　② 始　③ 變　④ 風　⑤ 曲　⑥ 手

86 歌 = [　　　　] 87 終 = [　　　　]

88 [　　　　] = 化

08 다음 漢字와 흡이 같은 漢字를 골라 그 번호를 쓰세요.　89~91번

|보기|

① 失　② 神　③ 合　④ 級　⑤ 定　⑥ 靑

89 停 － [　　　　] 90 給 － [　　　　]

91 實 － [　　　　]

09 다음 漢字語의 뜻을 쓰세요.　92~94번

92 公約 : [　　　　　　　　]

93 宿命 : [　　　　　　　　]

94 養魚 : [　　　　　　　　]

10 다음 漢字의 略字(약자 : 획수를 줄인 漢字)를 쓰세요.　95~97번

95 學 － [　　　　] 96 畫 － [　　　　]

97 讀 － [　　　　]

11 다음 漢字의 색이 다른 획은 몇 번째 쓰는지 |보기|에서 찾아 그 번호를 쓰세요.　98~100번

|보기|

① 첫 번째　② 두 번째　③ 세 번째
④ 네 번째　⑤ 다섯 번째　⑥ 여섯 번째
⑦ 일곱 번째　⑧ 여덟 번째　⑨ 아홉 번째

98 民 ………… [　　　　]

99 郡 ………… [　　　　]

100 足 ………… [　　　　]

03회 한자능력검정시험 5급

예상문제

(사) 한국어문회 주관	
합격문항	70문항
시험시간	50분
정 답	160쪽

01 다음 밑줄 친 漢字語의 讀音을 쓰세요.

01~35번

| 보기 |

讀音 → [독음]

01 당번은 **教卓** 위에 꽃병을 가져다 놓았다.
.... [   ]

02 씨름대회에서 황소를 **賞品**으로 내 걸었다.
.... [   ]

03 광부는 갱 속에서 **石炭**을 캐냈다.
.... [   ]

04 학교 앞에 **陸橋**를 설치하였다.
.... [   ]

05 음악에 맞춰 **體操**를 하였다.
.... [   ]

06 우리나라는 찬란한 **歷史**를 가지고 있다.
.... [   ]

07 그의 주장에 많은 사람들이 **共感**하였다.
.... [   ]

08 그들은 **舊習**을 제거하였다.
.... [   ]

09 그는 굳은 **信念**대로 밀고 나갔다.
.... [   ]

10 투사들은 독립에 대한 **熱望**이 솟구쳤다.

11 버스를 타기 전에 **車費**를 준비해야 한다.
.... [   ]

12 밥상에는 여러 **種類**의 반찬이 있었다.
.... [   ]

13 국토의 **再建**과 부흥에 힘을 기울였다.
.... [   ]

14 시련이 닥칠수록 굳게 **團結**하였다.
.... [   ]

15 우리는 서로의 **祝福**을 기원했다.
.... [   ]

16 형은 대학 **在學** 중에 입대하였다.
.... [   ]

17 푼푼이 모은 돈을 **貯金**하였다.
.... [   ]

18 두사람은 실력이 **比等**하였다.
.... [   ]

19 친구와 나는 **友情**이 두텁다.
.... [   ]

20 이 도시는 **罪惡**으로 가득 찼다.
.... [   ]

21 부모님과 함께 **週末**농장에 다녀왔다.
.... [   ]

22 주인은 손님을 **曲切**하게 대접하였다.

······················· [   ]

23 가을바람에 **黃葉**이 나뒹굴었다.

······················· [   ]

24 탄산**飮料**는 치아에 좋지 않다.

······················· [   ]

25 신제품은 값이 싸면서도 **性能**이 좋았다.

······················· [   ]

26 선정 **圖書** 목록을 살펴보았다.

······················· [   ]

27 제품의 선호도를 **調査**하였다.

······················· [   ]

28 우리 팀이 **完勝**을 거두었다.

······················· [   ]

29 한 해 활동을 **決算**하여 보고하였다.

······················· [   ]

30 떠나는 친구를 위해 **德談**을 해주었다.

······················· [   ]

31 물가가 올라 **實質**소득은 감소하였다.

······················· [   ]

32 이번 일의 잘못으로 **問責**을 받았다.

······················· [   ]

33 "그럼, **當然**하지."

······················· [   ]

34 전투기는 공중에서 **給油**를 받았다.

······················· [   ]

35 며느리는 시부모를 **奉養**하였다.

······················· [   ]

---

02 다음 漢字의 訓과 音을 쓰세요. 36~58번

| 보기 |

字 → [글자 자]

36 練 [   ]   37 願 [   ]

38 窓 [   ]   39 湖 [   ]

40 鼻 [   ]   41 落 [   ]

42 洗 [   ]   43 赤 [   ]

44 洞 [   ]   45 敬 [   ]

46 寒 [   ]   47 商 [   ]

48 寸 [   ]   49 寫 [   ]

50 災 [   ]   51 仙 [   ]

52 首 [   ]   53 晝 [   ]

54 賣 [   ]   55 臣 [   ]

56 敗 [   ]   57 事 [   ]

58 開 [   ]

---

03 다음 밑줄 친 漢字語를 漢字로 쓰세요.

59~73번

| 보기 |

한자 → [漢字]

59 그는 영재를 가르쳐 기르는 **육영** 사업에
힘썼다. ·············· [   ]

60 "이 물건들의 **합계**는 얼마입니까?"

．．．．．．．．．．．．． [　　　]

61 그들은 **신식** 무기를 앞세워 식민지를 넓혀갔다. ．．．．．． [　　　]

62 선생님의 연구 자료를 모아 **제자**들이 책을 펴냈다. ．．．．．． [　　　]

63 담임선생님께서 **출석**을 부르셨다.

．．．．．．．．．．．．． [　　　]

64 평행이 아닌 두 **직선**은 만나게 마련이다.

．．．．．．．．．．．．． [　　　]

65 일곱 **식구**가 한자리에 모여 식사를 하였다.

．．．．．．．．．．．．． [　　　]

66 그들이 곧 돌아갈 것이라는 **풍문**이 떠돌았다.

．．．．．．．．．．．．． [　　　]

67 두 분은 **친분**이 두터워 보였다.

．．．．．．．．．．．．． [　　　]

68 학생들의 귀가 시간이 늦어지자 확인 **전화**가 빗발쳤다. ．．．．．． [　　　]

69 동료들이 늦게 도착한 우리 **일행**을 반갑게 맞이하였다. ．．．．． [　　　]

70 온 산의 **초목**이 푸른 옷을 입고 있었다.

．．．．．．．．．．．．． [　　　]

71 친구와 함께 **전과**를 찾아보며 숙제를 하였다.

．．．．．．．．．．．．． [　　　]

72 큰아버지의 편지는 **단문**이었다.

．．．．．．．．．．．．． [　　　]

73 오늘 **집회**에 참석한 인원은 광장을 메울 정도였다. ．．．．．． [　　　]

04 다음 訓과 音에 맞는 漢字를 쓰세요. 74~78번

| 보기 |
글자 자 → [字]

74 법도 도 [　　] 　 **75** 통할 통 [　　]

76 날랠 용 [　　] 　 **77** 제목 제 [　　]

78 약할 약 [　　]

05 다음 漢字와 뜻이 상대 또는 반대되는 漢字를 쓰세요. 79~81번

79 [　　] ↔ 冷 　 **80** [　　] ↔ 活

81 [　　] ↔ 客

06 다음 [　]에 들어갈 漢字를 |보기|에서 찾아 그 번호를 써서 漢字語를 만드세요. 82~85번

| 보기 |
① 漁業　② 魚鮮　③ 成時　④ 成市
⑤ 傳身　⑥ 傳心　⑦ 無後　⑧ 後無

82 前 無 [　　] 　 **83** 以 心 [　　]

84 遠 洋 [　　] 　 **85** 門 前 [　　]

07 다음 漢字와 뜻이 같거나 비슷한 漢字를 |보기|에서 찾아 그 번호를 쓰세요. 　86~88번

|보기|

① 戰　② 記　③ 材　④ 水　⑤ 不　⑥ 術

86 技 = [　　　　]　87 河 = [　　　　]

88 [　　　　] = 爭

08 다음 漢字와 음이 같은 漢字를 골라 그 번호를 쓰세요. 　89~91번

|보기|

① 日　② 觀　③ 改　④ 典　⑤ 示　⑥ 京

89 關 － [　　　　]　90 展 － [　　　　]

91 景 － [　　　　]

09 다음 漢字語의 뜻을 쓰세요. 　92~94번

92 消失 : [　　　　　　　　]

93 節約 : [　　　　　　　　]

94 意外 : [　　　　　　　　]

10 다음 漢字의 略字(약자 : 획수를 줄인 漢字)를 쓰세요. 　95~97번

95 對 － [　　　　]　96 氣 － [　　　　]

97 來 － [　　　　]

11 다음 漢字의 색이 다른 획은 몇 번째 쓰는지 |보기|에서 찾아 그 번호를 쓰세요. 　98~100번

|보기|

① 첫 번째　② 두 번째　③ 세 번째
④ 네 번째　⑤ 다섯 번째　⑥ 여섯 번째
⑦ 일곱 번째　⑧ 여덟 번째　⑨ 아홉 번째

98 永 ………… [　　　　]

99 服 ………… [　　　　]

100 半 ………… [　　　　]

01 다음 밑줄 친 漢字語의 讀音을 쓰세요.

01~35번

|보기|

讀音 → [독음]

01 원자들이 결합하여 분자를 **形成**한다.
.... [   ]

02 아버지의 **意向**이 어떠신지를 물었다.
.... [   ]

03 열차가 **到着**되었다.
.... [   ]

04 벌목으로 **林野**가 훼손되었다.
.... [   ]

05 경찰은 **都市** 주변을 삼엄하게 지켰다.
.... [   ]

06 그는 자신의 **當選**을 확신했다.
.... [   ]

07 그녀의 **獨唱**으로 뮤지컬이 시작되었다.
.... [   ]

08 정전으로 주민들이 **不便**을 겪었다.
.... [   ]

09 군사들의 **勞苦**를 위로하였다.
.... [   ]

10 이번 일에 민족의 **運命**이 걸려 있다.
.... [   ]

11 조상의 **功德**을 칭송하는 노래를 지었다.
.... [   ]

12 그는 불로장생의 **仙藥**을 찾고자 했다.
.... [   ]

13 생각보다 상품의 **價格**이 비쌌다.
.... [   ]

14 약을 먹었더니 **效果**가 금방 나타났다.
.... [   ]

15 어린이날에 놀이동산을 **無料** 개방했다.
.... [   ]

16 우리 고장은 **觀光**자원이 풍부하다.
.... [   ]

17 원금에 이자를 **加算**하여 받았다.
.... [   ]

18 일본은 결국 **敗亡**하고 말았다.
.... [   ]

19 대회 날짜를 **改定**하였다.
.... [   ]

20 모두의 노력으로 경제 불황을 **打開**했다.
.... [   ]

21 평소보다 **作業**이 일찍 끝났다.
.... [   ]

22 그는 고의적인 **反則**으로 퇴장 당했다.

　　................................[　　　　]

23 반주에 맞추어 힘차게 **校歌**를 불렀다.

　　................................[　　　　]

24 비만은 건강에 **害惡**을 끼친다.

　　................................[　　　　]

25 그는 **晝夜**로 쉬지 않고 공부했다.

　　................................[　　　　]

26 문제를 해결할 **方案**을 찾아보았다.

　　................................[　　　　]

27 관직을 버리고 **江湖**에 묻혀 지냈다.

　　................................[　　　　]

28 적들은 건물 뒤 **死角**에 숨어 있었다.

　　................................[　　　　]

29 가을바람에 **落葉**이 우수수 떨어진다.

　　................................[　　　　]

30 아버지는 올해 **耳順**이 되신다.

　　................................[　　　　]

31 오늘은 내게 **特別**한 날이다.

　　................................[　　　　]

32 그 스님은 **度量**이 큰 분이셨다.

　　................................[　　　　]

33 중고품을 **賣買**하는 시장이 늘고 있다.

　　................................[　　　　]

34 소풍가서 학급 **團體**사진을 찍었다.

　　................................[　　　　]

35 음악시간에 **名曲**을 감상했다.

　　................................[　　　　]

---

02 다음 漢字의 訓과 音을 쓰세요.   36~58번

| 보기 |

字 → [글자 자]

36 幸 [　　　]   **37** 南 [　　　]

38 必 [　　　]   **39** 雄 [　　　]

40 平 [　　　]   **41** 旅 [　　　]

42 筆 [　　　]   **43** 客 [　　　]

44 實 [　　　]   **45** 初 [　　　]

46 宿 [　　　]   **47** 操 [　　　]

48 凶 [　　　]   **49** 屋 [　　　]

50 爭 [　　　]   **51** 店 [　　　]

52 令 [　　　]   **53** 夏 [　　　]

54 炭 [　　　]   **55** 規 [　　　]

56 等 [　　　]   **57** 末 [　　　]

58 化 [　　　]

---

03 다음 밑줄 친 漢字語를 漢字로 쓰세요.   59~73번

| 보기 |

한자 → [漢字]

59 회의 중에 양측의 의견이 **대립**되었다.

　　................................[　　　　]

60 우리집은 '성실'을 **가훈**으로 삼고 있다.

　　 ……………………… [　　　　　]

61 그의 솜씨는 **소문**대로 훌륭하였다.

　　 ……………………… [　　　　　]

62 도심은 언제나 **교통**이 복잡하다.

　　 ……………………… [　　　　　]

63 **군복**을 입은 형의 모습은 늠름해 보였다.

　　 ……………………… [　　　　　]

64 아버지는 **정직**하게 살라고 당부하셨다.

　　 ……………………… [　　　　　]

65 간밤에 내린 눈이 온 마을을 **백설**로 뒤덮었다.

　　 ……………………… [　　　　　]

66 우리나라는 대륙과 **해양**으로 진출하는 데 유리한 반도국이다. … [　　　　　]

67 원유 가격 인상 때문에 **석유** 가격도 올랐다.

　　 ……………………… [　　　　　]

68 바람을 **이용**하여 풍차를 돌린다.

　　 ……………………… [　　　　　]

69 그들은 새로운 기계 **발명**에 열중하였다.

　　 ……………………… [　　　　　]

70 두 정상이 만나서 기념**식수**를 하였다.

　　 ……………………… [　　　　　]

71 강당에 경쾌한 **음악**소리가 울려 퍼졌다.

　　 ……………………… [　　　　　]

72 어머니께서는 정원에 **화초**를 가꿉니다.

　　 ……………………… [　　　　　]

73 농아들과 **수화**로 대화하였다.

　　 ……………………… [　　　　　]

04 다음 訓과 音에 맞는 漢字를 쓰세요. 74~78번

|보기|

글자 자 → [字]

74 맑을 청 [　　　] 75 창　창 [　　　]

76 재주 재 [　　　] 77 기를 육 [　　　]

78 집　실 [　　　]

05 다음 漢字와 뜻이 相對 또는 反對되는 漢字를 쓰세요. 79~81번

79 言 ↔ [　　　] 80 [　　　] ↔ 舊

81 多 ↔ [　　　]

06 다음 [　]에 들어갈 漢字를 |보기|에서 찾아 그 번호를 써서 漢字語를 만드세요. 82~85번

|보기|

① 樂水　② 落水　③ 先事　④ 先史
⑤ 氷上　⑥ 寒氷　⑦ 知足　⑧ 知族

82 安分 [　　　] 83 樂山 [　　　]

84 [　　　] 時代 85 [　　　] 競技

07 다음 漢字와 뜻이 같거나 비슷한 漢字를 |보기|에서 찾아 그 번호를 쓰세요.   86~88번

|보기|

① 念 ② 由 ③ 日 ④ 歲 ⑤ 特 ⑥ 運

86 思 = [   ] **87** 年 = [   ]

88 英 = [   ]

08 다음 漢字와 음이 같은 漢字를 골라 그 번호를 쓰세요.   89~91번

|보기|

① 寸 ② 財 ③ 序 ④ 和 ⑤ 中 ⑥ 赤

89 災 − [   ] **90** 書 − [   ]

91 的 [   ]

09 다음 漢字語의 뜻을 쓰세요.   92~94번

92 過半 : [   ]

93 自省 : [   ]

94 放心 : [   ]

10 다음 漢字의 略字(약자 : 획수를 줄인 漢字)를 쓰세요.   95~97번

95 戰 − [   ] **96** 醫 − [   ]

97 禮 − [   ]

11 다음 漢字의 색이 다른 획은 몇 번째 쓰는지 |보기|에서 찾아 그 번호를 쓰세요.   98~100번

|보기|

① 첫 번째   ② 두 번째   ③ 세 번째
④ 네 번째   ⑤ 다섯 번째   ⑥ 여섯 번째
⑦ 일곱 번째   ⑧ 여덟 번째   ⑨ 아홉 번째

98 出 ············· [   ]

99 勝 ············· [   ]

100 庭 ············· [   ]

01 다음 漢字語의 讀音을 쓰세요. 01~35번

|보기|

讀音 → [독음]

01 교통이 편리한 곳으로 **社屋**을 옮겼다.
　‥‥‥‥‥‥‥‥‥‥‥‥ [　　　　　]

02 고의로 반칙을 하여 **失格**을 당할 수밖에 없었다. ‥‥‥‥‥‥ [　　　　　]

03 건널목을 건널 때에는 **注意**해야 한다.
　‥‥‥‥‥‥‥‥‥‥‥ [　　　　　]

04 두 사람은 마치 **氷炭**의 관계와 같았다.
　‥‥‥‥‥‥‥‥‥‥ [　　　　　]

05 자기가 하기 싫은 일을 남에 **強要**해서는 아니 된다. ‥‥‥‥‥ [　　　　　]

06 두 나라 사이는 점점 악화되어 **戰雲**이 감돌았다. ‥‥‥‥‥ [　　　　　]

07 장맛비는 잠시 주춤하다가 **週初**부터 다시 내린다고 하였다. ‥ [　　　　　]

08 많은 학생들이 부모님과 함께 축제에 **參加**하였다. ‥‥‥‥‥ [　　　　　]

09 석탑은 전체적으로 아름다운 **調和**를 이루었다. ‥‥‥‥‥ [　　　　　]

10 소방관들이 화재 **原因**을 조사하였다.
　‥‥‥‥‥‥‥‥‥‥ [　　　　　]

11 전국 **各地**에서 관광객들이 몰려들었다.
　‥‥‥‥‥‥‥‥‥ [　　　　　]

12 어머니와 함께 **銀行**에서 예금통장을 만들었다. ‥‥‥‥‥ [　　　　　]

13 방과 후에 **書店**에 들러 책을 한 권 샀다.
　‥‥‥‥‥‥‥‥‥ [　　　　　]

14 그에 대한 이야기는 **野史**로 전해지고 있다.
　‥‥‥‥‥‥‥‥ [　　　　　]

15 길이 엇갈린 세 사람은 **結局** 뿔뿔이 흩어지고 말았다. ‥‥‥‥‥ [　　　　　]

16 공원에는 옛날 증기 **客車**가 전시되어 있었다. ‥‥‥‥‥ [　　　　　]

17 선수단의 앞날에 영광이 있기를 **祝願**하였다. ‥‥‥‥‥ [　　　　　]

18 두 사람의 의견은 기름과 물이 섞이지 않는 **性質**과 같았다. ‥‥‥ [　　　　　]

19 형제의 우애를 <u>題材</u>로 한 소설을 발표하였다. ······················ [　　　]

20 문예 창작 시간에 각자 지은 시를 <u>發表</u>하였다. ······················ [　　　]

21 切親 [　　　]　22 停止 [　　　]

23 獨島 [　　　]　24 技法 [　　　]

25 節約 [　　　]　26 旅費 [　　　]

27 知識 [　　　]　28 問安 [　　　]

29 平面 [　　　]　30 億萬 [　　　]

31 打算 [　　　]　32 貯油 [　　　]

33 卓見 [　　　]　34 言爭 [　　　]

35 漁夫 [　　　]

02 다음 漢字의 訓과 音을 쓰세요.　36~58번

　　　　　　　　　　　　　　| 보기 |

字 → [글자 자]

36 會 [　　　]　37 序 [　　　]

38 室 [　　　]　39 末 [　　　]

40 始 [　　　]　41 商 [　　　]

42 責 [　　　]　43 充 [　　　]

44 任 [　　　]　45 黑 [　　　]

46 第 [　　　]　47 歲 [　　　]

48 界 [　　　]　49 位 [　　　]

50 念 [　　　]　51 觀 [　　　]

52 考 [　　　]　53 給 [　　　]

54 束 [　　　]　55 淸 [　　　]

56 養 [　　　]　57 選 [　　　]

58 期 [　　　]

03 다음 밑줄 친 漢字語를 漢字로 쓰세요.　59~73번

　　　　　　　　　　　　　　| 보기 |

한자 → [漢字]

59 우주 비행에 **성공**하였다는 소식이 전해졌다. ······················ [　　　]

60 그는 근대 **문명**을 받아들이는 데에 앞장섰다. ······················ [　　　]

61 각급 학교는 **방학**을 마치고 일제히 개학하였다. ······················ [　　　]

62 그는 낮에는 일하고 밤에는 **야간**학교를 다닌다. ············· [　　　]

63 그는 나라를 위해 일하느라 **가정**을 돌볼 겨를이 없었다. ········· [　　　]

64 선생님은 학생들에게 **자습**을 하도록 권하셨다. ············· [　　　]

65 그녀는 **병고**에 시달리면서도 희생정신을 보였다. ············· [　　　]

66 웃어른께는 격식에 맞추어 **편지**를 써야 한다. ············· [　　　]

67 전철에서 **노약**자에게 자리를 양보하였다. ············· [　　　]

68 우리 동내에 도매 **시장**이 새로 개장하였다. ············· [　　　]

69 이 물건은 **조상** 대대로 내려온 것이다. ············· [　　　]

70 남북이 **공동**으로 대회를 개최하기로 합의하였다. ············· [　　　]

71 빠르게 대응하여 불은 이내 **소화**되었다. ············· [　　　]

72 이번 여행은 낯선 **지방**으로 가기로 하였다. ············· [　　　]

73 **외계** 어느 곳이든 생명체가 있을 가능성은 있다. ············· [　　　]

04 다음 訓과 音에 맞는 漢字를 쓰세요. 74~78번

| 보기 |
| 글자 자 → [字] |

74 마실 음 [　　] 　**75** 특별할 특 [　　]

76 매양 매 [　　] 　**77** 꽃부리 영 [　　]

78 공　　구 [　　]

05 다음 漢字와 뜻이 상대 또는 반대되는 漢字를 쓰세요. 79~81번

79 去 ↔ [　　] 　**80** [　　] ↔ 害

81 輕 ↔ [　　]

06 다음 [　]에 들어갈 漢字를 |보기|에서 찾아 그 번호를 써서 漢字語를 만드세요. 82~85번

| 보기 |
| ①賣入　②秋風　③開花　④立春 |
| ⑤東風　⑥不買　⑦入春　⑧三友 |

82 北窓 [　　] 　**83** [　　] 運動

84 [　　] 大吉 　**85** [　　] 落葉

07 다음 漢字와 뜻이 같거나 비슷한 漢字를 |보기|에서 찾아 그 번호를 쓰세요. 86~88번

|보기|

① 話 ② 卒 ③ 禮 ④ 路 ⑤ 土 ⑥ 人

86 道 = [   ]   **87** 兵 = [   ]

88 談 = [   ]

08 다음 漢字와 음이 같은 漢字를 골라 그 번호를 쓰세요. 89~91번

|보기|

① 仙 ② 在 ③ 海 ④ 臣 ⑤ 雪 ⑥ 古

89 說 - [   ]   **90** 再 - [   ]

91 神 - [   ]

09 다음 뜻풀이에 맞는 漢字語를 |보기|에서 찾아 그 번호를 쓰세요. 92~94번

|보기|

① 展示   ② 改先   ③ 前望   ④ 力說
⑤ 改良   ⑥ 長說   ⑦ 力語   ⑧ 展望

92 멀리 바라봄.

.... [   ]

93 자기의 주장을 힘주어 말함.

.... [   ]

94 고치어 좋게 함.

.... [   ]

10 다음 漢字의 略字(약자 : 획수를 줄인 漢字)를 쓰세요. 95~97번

95 數 - [   ]   **96** 藥 - [   ]

97 國 - [   ]

11 다음 漢字의 색이 다른 획은 몇 번째 쓰는지 |보기|에서 찾아 그 번호를 쓰세요. 98~100번

|보기|

① 첫 번째   ② 두 번째   ③ 세 번째
④ 네 번째   ⑤ 다섯 번째   ⑥ 여섯 번째
⑦ 일곱 번째   ⑧ 여덟 번째   ⑨ 아홉 번째
⑩ 열 번째

98 式 .... [   ]

99 米 .... [   ]

100 直 .... [   ]

01 다음 漢字語의 讀音을 쓰세요. 01~35번

|보기|

讀音 → [독음]

01 當者 [　　　]　**02** 奉唱 [　　　]

03 決定 [　　　]　**04** 計畫 [　　　]

05 永遠 [　　　]　**06** 來週 [　　　]

07 着實 [　　　]　**08** 洗練 [　　　]

09 熱病 [　　　]　**10** 種族 [　　　]

11 幸運 [　　　]　**12** 雲集 [　　　]

13 銀河 [　　　]　**14** 感情 [　　　]

15 鐵船 [　　　]　**16** 內省 [　　　]

17 首領 [　　　]　**18** 以北 [　　　]

19 不動 [　　　]　**20** 任期 [　　　]

21 그의 새로운 발명품이 **特許**를 받았다.
　……………………… [　　　]

22 멋을 부리며 윷가락을 던지다가 **落板**이
되고 말았다. ………… [　　　]

23 벼룩시장에는 싸고도 **品質** 좋은 물건이
많았다. ……………… [　　　]

24 선거권이 **失效**가 되어 투표하지 못하였다.
　……………………… [　　　]

25 회의에서 **案件**이 결국 표결에 붙여졌다.
　……………………… [　　　]

26 어린이들에게 **傳來** 동화를 연기하듯 들
려주셨다. …………… [　　　]

27 장차 학계를 이끌어 갈 **材木**이 될 것이다.
　……………………… [　　　]

28 그곳은 **陸路**보다 배를 이용하는 것이 편
리하다. ……………… [　　　]

29 테러에 대비해서 **要所**에 경찰을 배치했다.
　……………………… [　　　]

30 지후는 교내 방송에서 시를 **朗讀**하는 일
을 맡았다. …………… [　　　]

31 공동 **課題**에 대한 수행 능력을 평가하였다.
　……………………… [　　　]

32 '시간은 금이다.'라는 **格言**은 시간의 소중함을 일깨워준다. ···· [　　　]

33 오랜 전쟁에 흉년까지 겹쳐 민심이 극도로 **凶惡**해졌다. ··········· [　　　]

34 두 선비는 과거 길에 만나 **同宿**하게 되었다.
················· [　　　]

35 노약자와 학생에게 **料金**을 할인해주었다.
················· [　　　]

02 다음 漢字의 訓과 音을 쓰세요.　36~58번

| 보기 |
| 字 → [글자 자] |

36 電 [　　　] **37** 景 [　　　]

38 基 [　　　] **39** 綠 [　　　]

40 曜 [　　　] **41** 院 [　　　]

42 消 [　　　] **43** 關 [　　　]

44 由 [　　　] **45** 漁 [　　　]

46 知 [　　　] **47** 比 [　　　]

48 健 [　　　] **49** 費 [　　　]

50 例 [　　　] **51** 加 [　　　]

52 偉 [　　　] **53** 卓 [　　　]

54 速 [　　　] **55** 査 [　　　]

56 習 [　　　] **57** 思 [　　　]

58 的 [　　　]

03 다음 밑줄 친 漢字語를 漢字로 쓰세요.
　59~73번

| 보기 |
| 한자 → [漢字] |

59 그들은 공항으로 **급행**하였다.
················· [　　　]

60 탐험대는 **본부**에 연락하였다.
················· [　　　]

61 두 정상이 **공식** 회담을 열었다.
················· [　　　]

62 식물의 **성장**을 관찰하였다.
················· [　　　]

63 녹용은 **명약**으로 알려졌다.
················· [　　　]

64 그는 **작문**에 소질이 있다.
················· [　　　]

65 화살은 과녁에 **명중**하였다.

.... [　　　　　]

66 그는 **자신**있게 대답하였다.

.... [　　　　　]

67 그의 행동은 남의 **주목**을 끌었다.

.... [　　　　　]

68 두 대표가 서로 **합의**하였다.

.... [　　　　　]

69 그는 방탕한 생활을 **청산**하였다.

.... [　　　　　]

70 소수의 **반대** 의견을 듣기로 하였다.

.... [　　　　　]

71 "약속 **시간**을 잘 지킵시다!"

.... [　　　　　]

72 그는 매일 **일기**를 씁니다.

.... [　　　　　]

73 자신의 **분수**에 맞게 살아야 한다.

.... [　　　　　]

04 다음 訓과 音에 맞는 漢字를 쓰세요. 74~78번

		｜보기｜
글자 자 → [字]		

74 쉴　휴 [　　　] **75** 들을 문 [　　　]

76 고을 군 [　　　] **77** 집　당 [　　　]

78 귀신 신 [　　　]

05 다음 漢字와 뜻이 상대 또는 반대되는 漢字를 쓰세요. 79~81번

79 [　　　] ↔ 炭 **80** [　　　] ↔ 野

81 [　　　] ↔ 終

06 다음 [　　]에 들어갈 漢字를 ｜보기｜에서 찾아 그 번호를 써서 漢字語를 만드세요. 82~85번

			｜보기｜
①曲直	②可識	③愛土	④愛人
⑤仙女	⑥善女	⑦生色	⑧生心

82 見物 [　　　] **83** 敬天 [　　　]

84 不問 [　　　] **85** 善男 [　　　]

07 다음 漢字와 뜻이 같거나 비슷한 漢字를 ｜보기｜에서 찾아 그 번호를 쓰세요. 86~88번

					｜보기｜
①去	②外	③規	④宅	⑤火	⑥擧

86 法 = [　　　] **87** 選 = [　　　]

88 家 = [　　　]

08 다음 漢字와 흡은 같은데 뜻이 다른 漢字를 |보기|에서 찾아 그 번호를 쓰세요. 89~91번

|보기|

① 止   ② 市   ③ 靑   ④ 子   ⑤ 化
⑥ 平   ⑦ 開   ⑧ 庭   ⑨ 道   ⑩ 英

89 和 - [   ]   90 停 - [   ]

91 示 - [   ]

09 다음 뜻풀이에 맞는 漢字語를 |보기|에서 찾아 그 번호를 쓰세요. 92~94번

|보기|

① 頭先   ② 頭角   ③ 多小   ④ 學才
⑤ 獨正   ⑥ 獨善   ⑦ 多每   ⑧ 多少

92 자기 혼자만이 옳다고 믿고 행동하는 일.
.... [   ]

93 뛰어난 학식이나 재능.
.... [   ]

94 많음과 적음. 어느 정도.
.... [   ]

10 다음 漢字의 略字(약자 : 획수를 줄인 漢字)를 쓰세요. 95~97번

95 萬 - [   ]   96 區 - [   ]

97 發 - [   ]

11 다음 漢字의 색이 다른 획은 몇 번째 쓰는지 |보기|에서 찾아 그 번호를 쓰세요. 98~100번

|보기|

① 첫 번째   ② 두 번째   ③ 세 번째
④ 네 번째   ⑤ 다섯 번째   ⑥ 여섯 번째
⑦ 일곱 번째   ⑧ 여덟 번째   ⑨ 아홉 번째
⑩ 열 번째

98 席 .... [   ]

99 車 .... [   ]

100 近 .... [   ]

07회

한자능력검정시험 5급
예상문제

(사) 한국어문회 주관	
합격문항	70문항
시험시간	50분
정 답	166쪽

01 다음 漢字語의 讀音을 쓰세요.   01~35번

|보기|

讀音 → [독음]

01 부동산 중개수수료를 옛날에는 '福費'라고 불렀다. ·············· [   ]

02 그는 만장일치로 회장에 任命되었다.
                   [   ]

03 남북 교류로 평화통일의 基調가 마련되었다. ·············· [   ]

04 환절기에는 감기가 流行한다.
                   [   ]

05 예상대로 우리 팀이 상대 팀에게 勝利하였다. ·············· [   ]

06 "남의 일에 相關 말고 네 일이나 잘해."
                   [   ]

07 한낮의 기온이 금년 들어 最高를 기록했다.
                   [   ]

08 그분은 半生을 적십자 운동에 바쳤다.
                   [   ]

09 폐품을 팔아 부족한 비용을 充當하였다.
                   [   ]

10 입시에서 국어 시험은 해마다 比重이 높다.
                   [   ]

11 비무장지대는 동물들의 樂園이 되었다.
                   [   ]

12 경쾌한 음악에 맞추어 體操를 하였다.
                   [   ]

13 터미널에는 연휴를 즐기려는 旅客들로 붐볐다. ·············· [   ]

14 시대에 맞게 舊習을 고쳐나갔다.
                   [   ]

15 비행기는 악천후 속에서 비상 着陸을 시도하였다. ·············· [   ]

16 매장량은 많지만 炭質이 낮아 연료로서 가치가 없다. ·········· [   ]

17 디지털 시대가 到來하면서 방송이 확대되었다. ·············· [   ]

18 정부를 수립한 후에는 法典 편찬을 서둘렀다. ·············· [   ]

19 봄바람이 불더니 <u>庭園</u>의 나무에 새순이 돋았다. ·················· [　　　]

20 주인공이 <u>惡漢</u>을 물리치는 장면에서는 통쾌하였다. ············ [　　　]

21 年歲 [　　　] **22** 願書 [　　　]

23 性急 [　　　] **24** 景致 [　　　]

25 名筆 [　　　] **26** 賣店 [　　　]

27 無情 [　　　] **28** 德分 [　　　]

29 要因 [　　　] **30** 原則 [　　　]

31 建立 [　　　] **32** 洗面 [　　　]

33 結束 [　　　] **34** 史觀 [　　　]

35 首都 [　　　]

02 다음 漢字의 訓과 音을 쓰세요. 36~58번

| 보기 |
字 → [글자 자]

36 歷 [　　　] **37** 休 [　　　]

38 約 [　　　] **39** 材 [　　　]

40 患 [　　　] **41** 昨 [　　　]

42 敗 [　　　] **43** 技 [　　　]

44 局 [　　　] **45** 浴 [　　　]

46 友 [　　　] **47** 文 [　　　]

48 現 [　　　] **49** 産 [　　　]

50 展 [　　　] **51** 邑 [　　　]

52 失 [　　　] **53** 紙 [　　　]

54 救 [　　　] **55** 效 [　　　]

56 說 [　　　] **57** 旗 [　　　]

58 神 [　　　]

03 다음 밑줄 친 漢字語를 漢字로 쓰세요.
59~73번

| 보기 |
한자 → [漢字]

59 공사 중이니 **주의**하세요.
·························· [　　　]

60 그의 **화술**은 조금 허풍스러웠다.
·························· [　　　]

61 아이들이 **교실**로 모여들었다.
·························· [　　　]

62 두 **남녀**는 다정해 보였다.

.... [　　　]

63 전원이 출발 장소에 **집합**하였다.

.... [　　　]

64 우리반 대표로 시합에 **출전**하였다.

.... [　　　]

65 그는 **시속** 80km로 차를 몰았다.

.... [　　　]

66 자유와 **평화**를 간절히 소망하였다.

.... [　　　]

67 화단에서 **식용** 채소를 기릅니다.

.... [　　　]

68 선거 일정을 **발표**하였다.

.... [　　　]

69 산불 때문에 **주민**들이 대피하였다.

.... [　　　]

70 제목을 정하기 위해 **고심**하였다.

.... [　　　]

71 가을이라 **농촌**은 황금물결이다.

.... [　　　]

72 숭례문은 도성의 남쪽 **정문**이다.

.... [　　　]

73 우리 선수가 단독 **선두**로 나섰다.

.... [　　　]

04 다음 訓과 音에 맞는 漢字를 쓰세요. 74~78번

|보기|
글자 자 → [字]

74 창　창 [　　　]　**75** 모양 형 [　　　]

76 뿌리 근 [　　　]　**77** 놓을 방 [　　　]

78 느낄 감 [　　　]

05 다음 漢字와 뜻이 相對 또는 反對되는 漢字를 쓰세요. 79~81번

79 遠 ↔ [　　　]　**80** [　　　] ↔ 熱

81 長 ↔ [　　　]

06 다음 [　　]에 들어갈 漢字를 |보기|에서 찾아 그 번호를 써서 漢字語를 만드세요. 82~85번

|보기|
① 不動　② 自足　③ 直告　④ 地球
⑤ 不同　⑥ 自級　⑦ 告百　⑧ 地變

82 類萬 [　　　]　**83** 天災 [　　　]

84 自給 [　　　]　**85** 以實 [　　　]

07 다음 漢字와 뜻이 같거나 비슷한 漢字를 |보기| 에서 찾아 그 번호를 쓰세요.   86~88번

|보기|

① 考 ② 古 ③ 海 ④ 止 ⑤ 去 ⑥ 銀

86 思 = [   ]   **87** 停 = [   ]

88 河 = [   ]

08 다음 漢字와 흠은 같은데 뜻이 다른 漢字를 |보기|에서 찾아 그 번호를 쓰세요.   89~91번

|보기|

① 業   ② 使   ③ 度   ④ 亡   ⑤ 船

⑥ 席   ⑦ 科   ⑧ 令   ⑨ 倍   ⑩ 雨

89 課 - [   ]   **90** 島 - [   ]

91 査 - [   ]

09 다음 뜻풀이에 맞는 漢字語를 |보기|에서 찾아 그 번호를 쓰세요.   92~94번

|보기|

① 開事   ② 國數   ③ 國運   ④ 始店

⑤ 開店   ⑥ 再用   ⑦ 再活   ⑧ 國手

92 가게를 내어 영업을 시작함.

.... [   ]

93 나라의 운수.

.... [   ]

94 다시 활동함.

.... [   ]

10 다음 漢字의 略字(약자 : 획수를 줄인 漢字)를 쓰세요.   95~97번

95 定 - [   ]   **96** 圖 - [   ]

97 晝 - [   ]

11 다음 漢字의 색이 다른 획은 몇 번째 쓰는지 |보기|에서 찾아 그 번호를 쓰세요.   98~100번

|보기|

① 첫 번째   ② 두 번째   ③ 세 번째

④ 네 번째   ⑤ 다섯 번째   ⑥ 여섯 번째

⑦ 일곱 번째   ⑧ 여덟 번째   ⑨ 아홉 번째

⑩ 열 번째

98 夜 .... [   ]

99 良 .... [   ]

100 耳 .... [   ]

08회

한자능력검정시험 5급
예상문제

(사) 한국어문회 주관	
합격문항	70문항
시험시간	50분
정답	167쪽

01 다음 밑줄 친 漢字語의 讀音을 쓰세요. 01~35번

|보기|

讀音 → [독음]

01 어린 꿈나무들을 위해 落島에 작은 도서관을 설립하였다. ···· [   ]

02 그들은 할 일이 산더미인데도 客談만 주고받고 있었다. ······ [   ]

03 음식물은 보관이나 流通 기한에도 주의해야 한다. ············ [   ]

04 돌을 맞이한 아이는 색동 韓服을 입고 해맑게 웃었다. ········· [   ]

05 "가까운 며칠 안에 貴宅에 찾아가 인사드릴 것입니다." ········ [   ]

06 섬에 다리를 놓아 소통의 效用가치를 높이기로 하였다. ······· [   ]

07 모든 사람들이 하던 일을 멈추고 경기를 觀戰하였다. ·········· [   ]

08 다른 의견을 無視라도 하듯 들은 척도 하지 않았다. ············ [   ]

09 교육에 있어서 환경적 變人을 찾아 연구하였다. ············· [   ]

10 정부의 許可를 받아 금광을 채굴하였다. ··························· [   ]

11 주민들은 順番을 정해 재활용품을 분리하고 정리하였다. ···· [   ]

12 모두의 念願대로 우리 팀이 이겼다. ··························· [   ]

13 단체 경기에서 팀의 結束은 승리로 이어졌다. ·················· [   ]

14 재해 지역은 의료적인 도움이 切實한 상태였다. ················ [   ]

15 그 집안 令愛의 결혼식에 많은 축하객이 참석하였다. ··········· [   ]

16 두 사람은 겨우 한두 번의 面識이 있었을 뿐이었다. ··············· [   ]

17 그곳은 예로부터 商業과 관광의 중심지였다. ··················· [   ]

18 농업기술의 改良과 수리사업이 활발하게 펼쳐졌다. ·············· [   ]

19 선생님은 終禮 시간에 성적표를 나누어 주셨다. ················ [   ]

20 멀리서 낯익은 曲調의 피아노 소리가 들려왔다. ················ [   ]

21 선수들은 심판의 **不當**한 판정에 항의하
였다. ‥‥‥‥‥‥‥‥‥ [　　　]

22 "얘들아, **遠路**에 몸 조심히 가거라."
‥‥‥‥‥‥‥‥‥ [　　　]

23 선생은 우리 국어의 국한문 혼용 운동에
남다른 **熱情**을 쏟았다.
‥‥‥‥‥‥‥‥‥ [　　　]

24 언해하여 한문 **原典**을 쉽게 이해하도록
하였다. ‥‥‥‥‥‥ [　　　]

25 지역 주민들이 스스로 지역의 일을 **決定**
하였다. ‥‥‥‥‥‥ [　　　]

26 "도대체 네가 하고 싶은 말의 **序頭**가 뭔
지 모르겠다." ‥‥‥‥ [　　　]

27 그는 평생 모은 **財物**을 장학재단에 기부
하였다. ‥‥‥‥‥‥ [　　　]

28 누나는 직장에서 첫 **給料**를 받아 부모님
께 선물하였다. ‥‥‥ [　　　]

29 겨울철에 우리나라 중부 내륙 지방의 기후
는 **寒冷** 건조하다. ‥ [　　　]

30 나무의 빛깔과 무늬가 **鮮明**하여 운치를
더하였다. ‥‥‥‥‥ [　　　]

31 공동주택에서는 애완동물 사육을 관리**規**
約으로 금하는 경우가 많다.
‥‥‥‥‥‥‥‥‥ [　　　]

32 그는 **重責**을 맡을 자격이 없다며 정중하
게 거절하였다. ‥‥‥ [　　　]

33 감기를 예방하기 위해서는 **過勞**나 수면 부
족을 피해야 한다. ‥ [　　　]

34 우리 팀은 선수를 교체하여 공격력을 **倍加**
하였다. ‥‥‥‥‥‥ [　　　]

35 우리 학교 선수들이 전국 체전에서 **入賞**
하였다. ‥‥‥‥‥‥ [　　　]

02 다음 漢字의 訓과 音을 쓰세요. 36~58번

| 보기 |

字 → [글자 자]

36 球 [　　　] 37 他 [　　　]

38 孫 [　　　] 39 偉 [　　　]

40 壇 [　　　] 41 凶 [　　　]

42 祝 [　　　] 43 歷 [　　　]

44 州 [　　　] 45 景 [　　　]

46 苦 [　　　] 47 買 [　　　]

48 洗 [　　　] 49 馬 [　　　]

50 吉 [　　　] 51 能 [　　　]

52 曜 [　　　] 53 神 [　　　]

54 都 [　　　] 55 建 [　　　]

56 湖 [　　　] 57 使 [　　　]

58 奉 [　　　]

03 다음 밑줄 친 漢字語를 漢字로 쓰세요.

59~73번

|보기|

한자 → [漢字]

59 시골 **서당**의 모습을 재현하였다.

················· [　　　]

60 유리창이 갈색 **광선**을 반사하였다.

················· [　　　]

61 점심은 **양식**으로 돈가스를 먹었다.

················· [　　　]

62 풍선이 **공중**에 떠다녔다.

················· [　　　]

63 의견을 **자유**롭게 이야기했다.

················· [　　　]

64 그는 건실한 **청년**이었다.

················· [　　　]

65 전국에서 환경**운동**이 벌어졌다.

················· [　　　]

66 매일 일정한 **구간**을 순찰하였다.

················· [　　　]

67 산과 들의 **신록**이 연둣빛이었다.

················· [　　　]

68 적의 **급소**에 표창을 던졌다.

················· [　　　]

69 그들은 밀접한 **친족** 관계이다.

················· [　　　]

70 그 소식은 **외신**으로 보도되었다.

················· [　　　]

71 그는 복잡한 **계산**도 금방 해낸다.

················· [　　　]

72 보리들이 **해풍**에 물결치고 있다.

················· [　　　]

73 외국 선박에게 항구를 **개방**하였다.

················· [　　　]

04 다음 訓과 音에 맞는 漢字를 쓰세요. 74~78번

|보기|

글자 자 → [字]

74 서울 경 [　　]　**75** 쌀 　미 [　　]

76 뿔 　각 [　　]　**77** 나눌 반 [　　]

78 자리 석 [　　]

05 다음 漢字와 뜻이 상대 또는 반대되는 漢字를 쓰세요.

79~81번

79 心 ↔ [　　]　**80** [　　] ↔ 着

81 黑 ↔ [　　]

06 다음 [　　]에 들어갈 漢字를 |보기|에서 찾아 그 번호를 써서 漢字語를 만드세요. 82~85번

|보기|

① 同日　② 一致　③ 各色　④ 各子

⑤ 初聞　⑥ 初問　⑦ 長樂　⑧ 長生

82 不老 [　　　　　] 　 83 各人 [　　　　　]

84 言行 [　　　　　] 　 85 今時 [　　　　　]

07 다음 漢字와 뜻이 같거나 비슷한 漢字를 |보기|에서 찾아 그 번호를 쓰세요. 　86〜88번

|보기|
① 合 　② 村 　③ 直 　④ 爭 　⑤ 林 　⑥ 停

86 樹 = [　　　　　] 　 87 競 = [　　　　　]

88 正 = [　　　　　]

08 다음 漢字와 音은 같은데 뜻이 다른 漢字를 |보기|에서 찾아 그 번호를 쓰세요. 　89〜91번

|보기|
① 孝 　② 雪 　③ 者 　④ 材 　⑤ 永
⑥ 活 　⑦ 夜 　⑧ 銀 　⑨ 失 　⑩ 固

89 考 - [　　　　　] 　 90 說 - [　　　　　]

91 再 - [　　　　　]

09 다음 뜻풀이에 맞는 漢字語를 |보기|에서 찾아 그 번호를 쓰세요. 　92〜94번

|보기|
① 木種 　② 子利 　③ 利己 　④ 分期
⑤ 末氣 　⑥ 末葉 　⑦ 花子 　⑧ 種子

92 씨앗. ┈┈┈┈┈ [　　　　　]

93 자신의 이익만을 꾀하는 일.
┈┈┈┈┈┈┈┈┈ [　　　　　]

94 어떤 시대를 구분할 때의 끝 무렵.
┈┈┈┈┈┈┈┈┈ [　　　　　]

10 다음 漢字의 略字(약자 : 획수를 줄인 漢字)를 쓰세요. 　95〜97번

95 圖 - [　　　　　] 　 96 醫 - [　　　　　]

97 體 - [　　　　　]

11 다음 漢字의 색이 다른 획은 몇 번째 쓰는지 |보기|에서 찾아 그 번호를 쓰세요. 　98〜100번

|보기|
① 첫 번째 　　② 두 번째 　　③ 세 번째
④ 네 번째 　　⑤ 다섯 번째 　⑥ 여섯 번째
⑦ 일곱 번째 　⑧ 여덟 번째 　⑨ 아홉 번째
⑩ 열 번째

98 世 ┈┈┈┈ [　　　　　]

99 代 ┈┈┈┈ [　　　　　]

100 題 ┈┈┈┈ [　　　　　]

09회

한자능력검정시험 5급
예상문제

(사) 한국어문회 주관

합격문항	70문항
시험시간	50분
정 답	169쪽

01 다음 漢字語의 讀音을 쓰세요. 01~35번

|보기|

讀音 → [독음]

01 그는 어려서부터 **英特**하여 어른들의 사랑을 받았다. ·········· [   ]

02 새들의 움직임을 멀리서 **望遠** 카메라로 관찰하였다. ·········· [   ]

03 운동 경기는 **規則**을 알고 보면 더 재미있다.
·································· [   ]

04 물을 100℃ 이상으로 **加熱**하면 수증기가 발생한다. ·············· [   ]

05 바이러스가 **病室** 밖으로 퍼져나가는 것을 막았다. ·············· [   ]

06 중국 어선이 우리 **領海**를 침범했다.
·································· [   ]

07 범인은 경찰에 붙잡혀 끝내 **鐵窓**에 갇히고 말았다. ············· [   ]

08 한국의 대표적인 **樹種**은 '소나무'이다.
·································· [   ]

09 모든 국민은 언론, 출판, 집회, **結社**의 자유를 갖는다. ·········· [   ]

10 아파트를 짓기 위해 대규모 **宅地**를 개발하였다. ················ [   ]

11 강물을 따라 **落花**가 수도 없이 떠내려 왔다.
·································· [   ]

12 누구나 즐길 수 있는 **卓球**는 생활 체육에서 인기가 높다. ····· [   ]

13 인간은 살아가는데 필요한 것들을 **勞動**으로 얻을 수 있다. ·· [   ]

14 경치가 아름다운 곳에 **休養** 시설을 만들기로 하였다. ·········· [   ]

15 우리의 전통 **料理**는 세계인의 입맛을 사로잡았다. ·············· [   ]

16 구급약은 처방전 없이도 **藥局**에서 구입할 수 있다. ·········· [   ]

17 투표 결과를 **集計**하여 발표하였다.
·································· [   ]

18 학예회에서 **明朗** 만화 이야기를 연극으로 발표하였다. ········ [   ]

19 장학 **財團**을 설립하여 인재를 육성하였다.

　　………………………… [　　　　]

20 '여우가 범에게 가죽을 빌리란다.'라는 속
　담은 '**可當**찮은 짓을 무모하게 한다'는 뜻
　이다. ………………… [　　　　]

21 選擧 [　　　　] 22 廣告 [　　　　]

23 歲寒 [　　　　] 24 歷任 [　　　　]

25 人和 [　　　　] 26 實效 [　　　　]

27 災害 [　　　　] 28 質量 [　　　　]

29 黑白 [　　　　] 30 代筆 [　　　　]

31 漁具 [　　　　] 32 觀相 [　　　　]

33 奉唱 [　　　　] 34 競合 [　　　　]

35 見聞 [　　　　]

02 다음 漢字의 訓과 音을 쓰세요. 36~58번

| 보기 |
字 → [글자 자]

36 省 [　　　　] 37 完 [　　　　]

38 終 [　　　　] 39 決 [　　　　]

40 己 [　　　　] 41 課 [　　　　]

42 許 [　　　　] 43 査 [　　　　]

44 考 [　　　　] 45 島 [　　　　]

46 仕 [　　　　] 47 船 [　　　　]

48 練 [　　　　] 49 打 [　　　　]

50 雲 [　　　　] 51 料 [　　　　]

52 給 [　　　　] 53 吉 [　　　　]

54 雨 [　　　　] 55 橋 [　　　　]

56 患 [　　　　] 57 原 [　　　　]

58 臣 [　　　　]

03 다음 밑줄 친 漢字語를 漢字로 쓰세요.

59~73번

| 보기 |
한자 → [漢字]

59 농사에 필요한 **수로**를 만들었다.

　　………………………… [　　　　]

60 자유와 **평등**을 주장하였다.

　　………………………… [　　　　]

61 반딧불이 **발광**하였다.

　　………………………… [　　　　]

62 컴퓨터 **통신**이 발달하였다.

　　………………………… [　　　　]

63 비가 와서 국기를 **하기**하였다.

　　……………………… [　　　　]

64 어릴 때부터 **삼촌**과 함께 살았다.

　　……………………… [　　　　]

65 백두산은 우리나라의 **명산**이다.

　　……………………… [　　　　]

66 그 이야기는 한동안 **화제**가 되었다.

　　……………………… [　　　　]

67 "도시락은 **각자** 준비하세요."

　　……………………… [　　　　]

68 설악산은 **국립**공원이다.

　　……………………… [　　　　]

69 사람들은 고장의 **풍습**을 이어갔다.

　　……………………… [　　　　]

70 그의 말은 **전부** 거짓이었다.

　　……………………… [　　　　]

71 한국**은행**을 견학하였다.

　　……………………… [　　　　]

72 시민 **공원**이 새롭게 단장하였다.

　　……………………… [　　　　]

73 국산품을 애용하자는 **구호**를 외쳤다.

　　……………………… [　　　　]

04 다음 訓과 音에 맞는 漢字를 쓰세요. 74~78번

　　　　　　　　　　　　　　　　| 보기 |
　　　　글자 자 → [字]

74 친할 친 [　　　]　75 급할 급 [　　　]

76 심을 식 [　　　]　77 살　주 [　　　]

78 사랑 애 [　　　]

05 다음 漢字와 뜻이 상대 또는 반대되는 漢字를 쓰세요. 79~81번

79 末 ↔ [　　　]　80 [　　　] ↔ 舊

81 曲 ↔ [　　　]

06 다음 [　　]에 들어갈 漢字를 | 보기 |에서 찾아 그 번호를 써서 漢字語를 만드세요. 82~85번

　　　　　　　　　　　　　　　　| 보기 |
　①同一　②一生　③同樂　④多幸
　⑤必改　⑥共藥　⑦先改　⑧不二

82 知過 [　　　]　83 老少 [　　　]

84 身土 [　　　]　85 九死 [　　　]

07 다음 漢字와 뜻이 같거나 비슷한 漢字를 | 보기 |에서 찾아 그 번호를 쓰세요. 86~88번

　　　　　　　　　　　　　　　　| 보기 |
　①道　②席　③止　④着　⑤定　⑥典

86 到 = [　　　]　87 停 = [　　　]

88 法 = [　　　]

08 다음 漢字와 음은 같은데 뜻이 다른 漢字를 |보기|에서 찾아 그 번호를 쓰세요. 89~91번

|보기|

① 面　② 他　③ 化　④ 週　⑤ 耳

⑥ 綠　⑦ 草　⑧ 鮮　⑨ 式　⑩ 商

89 以 - [　　　]　**90** 初 - [　　　]

91 識 - [　　　]

09 다음 뜻풀이에 맞는 漢字語를 |보기|에서 찾아 그 번호를 쓰세요. 92~94번

|보기|

① 因果　② 地力　③ 電約　④ 重力

⑤ 中力　⑥ 元果　⑦ 節電　⑧ 用電

92 전기를 아껴 씀. ····· [　　　]

93 원인과 결과. ·········· [　　　]

94 지구 위의 물체가 지구 중심으로부터 받는 힘.

·································· [　　　]

10 다음 漢字의 略字(약자 : 획수를 줄인 漢字)를 쓰세요. 95~97번

95 禮 - [　　　]　**96** 學 - [　　　]

97 會 - [　　　]

11 다음 漢字의 색이 다른 획은 몇 번째 쓰는지 |보기|에서 찾아 그 번호를 쓰세요. 98~100번

|보기|

① 첫 번째　② 두 번째　③ 세 번째

④ 네 번째　⑤ 다섯 번째　⑥ 여섯 번째

⑦ 일곱 번째　⑧ 여덟 번째　⑨ 아홉 번째

⑩ 열 번째

98 衣 ··········· [　　　]

99 來 ··········· [　　　]

100 市 ··········· [　　　]

10회

한자능력검정시험 5급
예상문제

(사) 한국어문회 주관

합격문항	70문항
시험시간	50분
정 답	170쪽

01 다음 漢字語의 讀音을 쓰세요. 01~35번

|보기|

讀音 → [독음]

01 祝歌 [   ] **02** 舊屋 [   ]

03 宿題 [   ] **04** 産災 [   ]

05 安着 [   ] **06** 傳說 [   ]

07 貯炭 [   ] **08** 浴室 [   ]

09 便所 [   ] **10** 責任 [   ]

11 海流 [   ] **12** 救急 [   ]

13 汽車 [   ] **14** 洗面 [   ]

15 打令 [   ] **16** 奉仕 [   ]

17 赤道 [   ] **18** 規格 [   ]

19 病患 [   ] **20** 圖表 [   ]

21 환경오염을 줄이는데 **效果**를 거두었다.

.... [   ]

22 기온이 높아지면 음식이 **變質**되기 쉽다.

.... [   ]

23 몸에 **必要**한 비타민C는 녹황색 채소류에

많이 들어 있다. ..... [   ]

24 해외에 있는 삼촌께서 예쁜 **葉書**를 보내

셨다. .... [   ]

25 책을 내용별로 **分類**하여 정리하였다.

.... [   ]

26 그는 입대를 거부하여 입국이 **不許**되었다.

.... [   ]

27 옛사람들은 별을 보고 농사의 **吉凶**을 점

치기도 하였다. .... [   ]

28 신라는 당나라와 동맹을 맺어 백제를 **敗
亡**시켰다. .... [   ]

29 해경은 불법 **操業**하는 중국 선박을 단속

하였다. .... [   ]

30 생활 안정을 위해 **物價** 인상을 하지 않기로

하였다. .... [   ]

31 마을 선창에서 어부들이 **漁具**를 손질하고 있다. ⋯⋯⋯⋯⋯ [　　　]

32 그의 그림은 **競賣**에서 가장 비싼 값으로 팔렸다. ⋯⋯⋯⋯⋯ [　　　]

33 가족이 한자리에 모여 오순도순 **情談**을 나누었다. ⋯⋯⋯⋯⋯ [　　　]

34 시민 의식이 성장하면서 **貴族** 사회는 무너져갔다. ⋯⋯⋯⋯⋯ [　　　]

35 위성통신이 있어서 실시간 스포츠 중계가 **可能**해졌다. ⋯⋯⋯⋯⋯ [　　　]

46 獨 [　　　]　　47 島 [　　　]

48 願 [　　　]　　49 黑 [　　　]

50 通 [　　　]　　51 飮 [　　　]

52 黃 [　　　]　　53 雲 [　　　]

54 童 [　　　]　　55 角 [　　　]

56 兒 [　　　]　　57 牛 [　　　]

58 才 [　　　]

02 다음 漢字의 訓과 音을 쓰세요. 36~58번

| 보기 |

字 → [글자 자]

36 朗 [　　　]　　37 院 [　　　]

38 歲 [　　　]　　39 關 [　　　]

40 商 [　　　]　　41 品 [　　　]

42 節 [　　　]　　43 念 [　　　]

44 唱 [　　　]　　45 費 [　　　]

03 다음 밑줄 친 漢字語를 漢字로 쓰세요. 59~73번

| 보기 |

한자 → [漢字]

59 탐사대는 **현재** 위치를 알려왔다.

⋯⋯⋯⋯⋯⋯ [　　　]

60 삼촌은 동서**고금**의 풍속을 연구한다.

⋯⋯⋯⋯⋯⋯ [　　　]

61 등산하면서 **방심**해서는 안 된다.

⋯⋯⋯⋯⋯⋯ [　　　]

62 그는 남녀**평등**을 주장하였다.

················· [   ]

63 선수들이 **세계**대회에 참가하였다.

················· [   ]

64 수평선 위로 **태양**이 솟았다.

················· [   ]

65 이 그림은 한가로운 **산촌**의 모습을 그렸다.

················· [   ]

66 선수단이 **기수**를 앞세워 입장하였다.

················· [   ]

67 겨울철 방화 대책에 **만전**을 기하였다.

················· [   ]

68 두 사람은 영어로 **문답**하였다.

················· [   ]

69 그는 단란한 **가정**에서 자랐다.

················· [   ]

70 아직도 산꼭대기에는 **백설**이 쌓여있다.

················· [   ]

71 새로운 기계를 **발명**하였다.

················· [   ]

72 그는 총명하고 **사리**에 밝았다.

················· [   ]

73 한 악곡의 마지막에 붙는 **악장**을 '피날레' 라고 한다. ············· [   ]

04 다음 訓과 音에 맞는 漢字를 쓰세요. 74~78번

|보기|

글자 자 → [字]

74 과목 과 [   ] **75** 은 은 [   ]

76 각각 각 [   ] **77** 푸를 록 [   ]

78 옮길 운 [   ]

05 다음 漢字와 뜻이 相對 또는 反對되는 漢字를 쓰세요. 79~81번

79 強 ↔ [   ] **80** [   ] ↔ 過

81 [   ] ↔ 惡

06 다음 [   ]에 들어갈 漢字를 |보기|에서 찾아 그 번호를 써서 漢字語를 만드세요. 82~85번

|보기|

① 相長　② 二身　③ 無失　④ 無實
⑤ 以信　⑥ 成長　⑦ 苦來　⑧ 苦口

82 交友 [   ] **83** 良藥 [   ]

84 教學 [   ] **85** 有名 [   ]

07 다음 漢字와 뜻이 같거나 비슷한 漢字를 |보기|에서 찾아 그 번호를 쓰세요.   86~88번

|보기|

① 式 ② 原 ③ 食 ④ 遠 ⑤ 和 ⑥ 順

86 調 = [   ]   **87** 永 = [   ]

88 法 = [   ]

08 다음 漢字와 音은 같은데 뜻이 다른 漢字를 |보기|에서 찾아 그 번호를 쓰세요.   89~91번

|보기|

① 見 ② 鼻 ③ 料 ④ 示 ⑤ 北

⑥ 典 ⑦ 望 ⑧ 束 ⑨ 思 ⑩ 開

89 比 − [   ]   **90** 史 − [   ]

91 展 − [   ]

09 다음 뜻풀이에 맞는 漢字語를 |보기|에서 찾아 그 번호를 쓰세요.   92~94번

|보기|

① 勝計   ② 洋漁   ③ 養魚   ④ 勝成

⑤ 美化   ⑥ 美用   ⑦ 勝算   ⑧ 魚長

92 이길 가능성.

.... [   ]

93 물고기를 길러 번식시킴.

.... [   ]

94 아름답게 꾸밈.

.... [   ]

10 다음 漢字의 略字(약자 : 획수를 줄인 漢字)를 쓰세요.   95~97번

95 區 − [   ]   **96** 晝 − [   ]

97 畫 − [   ]

11 다음 漢字의 색이 다른 획은 몇 번째 쓰는지 |보기|에서 찾아 그 번호를 쓰세요.   98~100번

|보기|

① 첫 번째   ② 두 번째   ③ 세 번째

④ 네 번째   ⑤ 다섯 번째   ⑥ 여섯 번째

⑦ 일곱 번째   ⑧ 여덟 번째   ⑨ 아홉 번째

⑩ 열 번째

98 特   .... [   ]

99 級   .... [   ]

100 邑   .... [   ]

01 다음 漢字語의 讀音을 쓰세요. 01~35번

|보기|

讀音 → [독음]

01 천을 잘라서 다친 팔을 **固定**시키는 붕대로 사용했다. ············ [　　　　]

02 선생은 외국으로 **亡命**하였다가 이듬해에 귀국하였다. ············ [　　　　]

03 파도가 심해 배가 **船首**를 돌려 항구로 돌아왔다. ············ [　　　　]

04 그는 어릴 때부터 병이 많아 의학을 배워 **方藥**을 연구하였다. ···[　　　　]

05 설악산은 보는 곳마다 **景觀**이 빼어났다. ············ [　　　　]

06 선생께서는 자택에서 **宿患**으로 별세하셨다. ············ [　　　　]

07 계속되는 황사에 마스크 **品貴** 현상이 빚어졌다. ············ [　　　　]

08 문학적인 **格調**와 서정성을 살린 시들이 많았다. ············ [　　　　]

09 올림픽위원회에서 대회 후보지를 **實査**하기로 하였다. ············ [　　　　]

10 농작물이 **寒害**를 입지 않도록 대비해야 한다. ············ [　　　　]

11 수십 명의 **合唱**대원들이 아름다운 화음을 이루었다. ············ [　　　　]

12 의료 수술을 작업하는 로봇이 **開發**되었다. ············ [　　　　]

13 건물 외벽의 정교한 조각은 매우 **獨特**한 양식을 보여준다. ···[　　　　]

14 밤새 달려서 동틀 무렵 **終着** 지점에 도착했다. ············ [　　　　]

15 독후감은 책을 읽게 된 동기와 함께 줄거리를 **要約**하여 써야 한다. ············ [　　　　]

16 이 약은 머리가 아플 때 먹으면 **神效**가 있다. ············ [　　　　]

17 마을의 솔밭 너머로 **鐵橋**를 지나는 기차가 한가롭게 보인다. ···[　　　　]

18 쉬는 시간이면 교내 **賣店**은 학생들로 북적였다. ············ [　　　　]

19 스마트폰의 **節電** 모드를 이용하면 배터리를 아낄 수 있다. ··[　　　　]

20 공자는 <u>耳順</u>에 "남의 말을 들으면 그 이 치를 깨달아 이해하게 되었다"고 하였다.
     ………………………… [   ]

21 過去 [   ]   **22** 善戰 [   ]

23 再選 [   ]   **24** 運動 [   ]

25 勝者 [   ]   **26** 火災 [   ]

27 停止 [   ]   **28** 德望 [   ]

29 法則 [   ]   **30** 健兒 [   ]

31 古參 [   ]   **32** 卒業 [   ]

33 材料 [   ]   **34** 無形 [   ]

35 原價 [   ]

---

02 다음 漢字의 訓과 音을 쓰세요.   36~58번

| 보기 |
字 → [글자 자]

36 類 [   ]   **37** 賞 [   ]

38 友 [   ]   **39** 窓 [   ]

40 週 [   ]   **41** 士 [   ]

42 當 [   ]   **43** 元 [   ]

44 競 [   ]   **45** 擧 [   ]

46 展 [   ]   **47** 朝 [   ]

48 勇 [   ]   **49** 救 [   ]

50 鮮 [   ]   **51** 社 [   ]

52 計 [   ]   **53** 養 [   ]

54 待 [   ]   **55** 財 [   ]

56 術 [   ]   **57** 理 [   ]

58 魚 [   ]

---

03 다음 밑줄 친 漢字語를 漢字로 쓰세요.   59~73번

| 보기 |
한자 → [漢字]

59 서로 다른 **각도**에서 말하고 있다.
     ………………………… [   ]

60 그는 **고학**으로 대학까지 졸업했다.
     ………………………… [   ]

61 어머니와 **재래**시장에 가 보았다.
     ………………………… [   ]

62 컴퓨터에는 많은 **기호**가 사용된다.

.... [   ]

63 이젠 회복되어 **미음**도 먹는다.

.... [   ]

64 모든 일을 **성공**적으로 이루었다.

.... [   ]

65 대통령은 두 나라를 **공식** 방문하였다.

.... [   ]

66 관리들의 **부정**을 비판하였다.

.... [   ]

67 답을 쓸 **공백**이 부족하였다.

.... [   ]

68 그 꽃은 산이나 들의 **양지**에 핀다.

.... [   ]

69 장사는 **신용**이 생명이라고 하였다.

.... [   ]

70 북을 두드리며 **장단**을 맞추었다.

.... [   ]

71 인구가 도시로 **집중**하고 있다.

.... [   ]

72 그와 **동등**한 자격을 갖추었다.

.... [   ]

73 오빠는 학생의 **신분**으로 군대에 입대했다.

.... [   ]

04 다음 訓과 음에 맞는 漢字를 쓰세요. 74~78번

|보기|

글자 자 → [字]

74 병 병 [   ] 75 은 은 [   ]

76 지경 계 [   ] 77 심을 식 [   ]

78 살 활 [   ]

05 다음 漢字와 뜻이 상대 또는 반대되는 漢字를 쓰세요.   79~81번

79 近 ↔ [   ] 80 [   ] ↔ 末

81 陸 ↔ [   ]

06 다음 [   ]에 들어갈 漢字를 |보기|에서 찾아 그 번호를 써서 漢字語를 만드세요. 82~85번

|보기|

① 名木   ② 旅軍   ③ 淸風   ④ 上下
⑤ 工場   ⑥ 旅行   ⑦ 靑風   ⑧ 世上

82 [   ] 案內 83 生産 [   ]

84 [   ] 萬事 85 [   ] 明月

07 다음 漢字와 뜻이 같거나 비슷한 漢字를 |보기| 에서 찾아 그 번호를 쓰세요.   86~88번

|보기|

① 多 ② 今 ③ 話 ④ 福 ⑤ 識 ⑥ 金

86 談 = [   ]   **87** 知 = [   ]

88 幸 = [   ]

08 다음 漢字와 음은 같은데 뜻이 다른 漢字를 |보기|에서 찾아 그 번호를 쓰세요.   89~91번

|보기|

① 年   ② 語   ③ 洗   ④ 洋   ⑤ 必
⑥ 高   ⑦ 紙   ⑧ 夫   ⑨ 八   ⑩ 典

89 歲 － [   ]   **90** 筆 － [   ]

91 漁 － [   ]

09 다음 뜻풀이에 맞는 漢字語를 |보기|에서 찾아 그 번호를 쓰세요.   92~94번

|보기|

① 打昨   ② 打作   ③ 速音   ④ 所童
⑤ 年少   ⑥ 音速   ⑦ 年小   ⑧ 直打

92 나이가 어림.

.... [   ]

93 소리가 전파되는 속도.

.... [   ]

94 곡식의 이삭을 떨어서 낟알을 거두는 일.

.... [   ]

10 다음 漢字의 略字(약자 : 획수를 줄인 漢字)를 쓰세요.   95~97번

95 對 － [   ]   **96** 禮 － [   ]

97 數 － [   ]

11 다음 漢字의 색이 다른 획은 몇 번째 쓰는지 |보기|에서 찾아 그 번호를 쓰세요.   98~100번

|보기|

① 첫 번째   ② 두 번째   ③ 세 번째
④ 네 번째   ⑤ 다섯 번째   ⑥ 여섯 번째
⑦ 일곱 번째   ⑧ 여덟 번째   ⑨ 아홉 번째
⑩ 열 번째

98 序 .... [   ]

99 歌 .... [   ]

100 馬 .... [   ]

12회

한자능력검정시험 5급
예상문제

(사) 한국어문회 주관	
합격문항	70문항
시험시간	50분
정답	173쪽

01 다음 漢字語의 讀音을 쓰세요.   01~35번

| 보기 |

讀音 → [독음]

01 馬術 [   ]   02 競技 [   ]

03 廣橋 [   ]   04 類題 [   ]

05 落花 [   ]   06 熱望 [   ]

07 原産 [   ]   08 樹林 [   ]

09 冷寒 [   ]   10 德臣 [   ]

11 雲海 [   ]   12 結合 [   ]

13 可決 [   ]   14 公約 [   ]

15 食卓 [   ]   16 都給 [   ]

17 財物 [   ]   18 表具 [   ]

19 勇氣 [   ]   20 罪目 [   ]

21 우리들은 배에 오르자마자 어린이용 **救命** 조끼를 입었다. ……… [   ]

22 우리 팀은 9회 말에서야 **安打**가 터지기 시작했다. …………… [   ]

23 궁녀는 어린 나이에 궁궐에 들어가 왕실의 **法度**를 익혔다. ……… [   ]

24 마을 분들은 그를 **善良**하고 우직한 사람으로 기억하였다. …… [   ]

25 동물의 눈은 인간보다 빛을 **感知**하는 능력이 더 뛰어나다. … [   ]

26 기념행사에서 추첨하여 **景品**을 나누어 주었다. ………………… [   ]

27 그는 어려서부터 효심과 우애가 있으며 **天性**이 유순하였다. … [   ]

28 아버지의 생신을 맞아 **親族**을 집으로 초대하였다. …………… [   ]

29 학생들이 좋은 문학 작품을 읽을 수 있도록 **選別**하였다. ……… [   ]

30 석탑의 **基壇** 위에는 사자 네 마리가 조각되어 있다. ………… [   ]

31 아이들은 놀이를 통해서 **規則**과 질서를 배운다. ·············· [   ]

32 중국으로 가던 **商船**이 풍랑을 만나 난파되었다. ············· [   ]

33 "학기말 **考査**가 끝나면 방학이다!"
·························· [   ]

34 해마다 교통사고 발생 **件數**가 늘어나고 있다. ············· [   ]

35 피겨스케이팅 선수들이 **氷板** 위에서 회전하는 기술을 선보였다.
························· [   ]

02 다음 漢字의 訓과 音을 쓰세요. 36~58번

|보기|
字 → [글자 자]

36 登 [   ] **37** 終 [   ]

38 賞 [   ] **39** 偉 [   ]

40 責 [   ] **41** 獨 [   ]

42 急 [   ] **43** 序 [   ]

44 陸 [   ] **45** 領 [   ]

46 園 [   ] **47** 聞 [   ]

48 說 [   ] **49** 宿 [   ]

50 操 [   ] **51** 費 [   ]

52 過 [   ] **53** 能 [   ]

54 唱 [   ] **55** 米 [   ]

56 湖 [   ] **57** 賣 [   ]

58 擧 [   ]

03 다음 밑줄 친 漢字語를 漢字로 쓰세요. 59~73번

|보기|
한자 → [漢字]

59 보일러에서 **온수**가 나왔다.
························· [   ]

60 풍향과 **풍속**이 갑자기 변하였다.
························· [   ]

61 재해로 임시 **휴교** 조치를 취했다.
························· [   ]

62 그들은 생사**고락**을 같이한 전우다.
························· [   ]

63 정부는 **실업** 대책을 마련하였다.
························· [   ]

64 학교에서 가정**통신**문을 보냈다.
························· [   ]

65 선생은 **작금**의 현실을 비판하였다.

　 ……………………… [　　　]

66 서로의 협력과 **평화**를 약속하였다.

　 ……………………… [　　　]

67 그는 청풍**명월**을 벗 삼아 살았다.

　 ……………………… [　　　]

68 서류에 **도장**을 찍었다.

　 ……………………… [　　　]

69 제품의 **고급**화에 힘썼다.

　 ……………………… [　　　]

70 왕은 **춘추**가 어렸으나 강인하였다.

　 ……………………… [　　　]

71 노사 갈등이 **다소** 줄어들었다.

　 ……………………… [　　　]

72 투표 **대신** 손을 들어 찬성하였다.

　 ……………………… [　　　]

73 그는 자부심이 강한 **청년**이었다.

　 ……………………… [　　　]

04 다음 訓과 音에 맞는 漢字를 쓰세요. 74~78번

　　　　　　　　　　　|보기|

글자 자 → [字]

74 짧을 단 [　　] **75** 이룰 성 [　　]

76 사귈 교 [　　] **77** 머리 두 [　　　]

78 손자 손 [　　]

05 다음 漢字와 뜻이 상대 또는 반대되는 漢字를 쓰세요. 79~81번

79 曲 ↔ [　　] **80** [　　　] ↔ 無

81 [　　　] ↔ 着

06 다음 [　]에 들어갈 漢字를 |보기|에서 찾아 그 번호를 써서 漢字語를 만드세요. 82~85번

　　　　　　　　　　　|보기|

① 夕變　② 夕改　③ 油火　④ 石火

⑤ 白功　⑥ 百勝　⑦ 一致　⑧ 同日

82 百戰 [　　] **83** 朝變 [　　　]

84 電光 [　　] **85** 言行 [　　　]

07 다음 漢字와 뜻이 같거나 비슷한 漢字를 |보기|에서 찾아 그 번호를 쓰세요. 86~88번

　　　　　　　　　　　|보기|

① 路　② 遠　③ 等　④ 屋　⑤ 野　⑥ 情

86 永 = [　　] **87** 家 = [　　　]

88 心 = [　　]

08 다음 漢字와 音은 같은데 뜻이 다른 漢字를 |보기|에서 찾아 그 번호를 쓰세요. 89~91번

|보기|

① 算　② 童　③ 鮮　④ 州　⑤ 新
⑥ 川　⑦ 院　⑧ 調　⑨ 老　⑩ 充

89 仙 − [　　　]　90 元 − [　　　]

91 週 − [　　　]

09 다음 뜻풀이에 맞는 漢字語를 |보기|에서 찾아 그 번호를 쓰세요. 92~94번

|보기|

① 對比　② 相比　③ 必事　④ 傳話
⑤ 口傳　⑥ 語傳　⑦ 切實　⑧ 實中

92 말로 전함.

.... [　　　]

93 (어떤 일이) 실제에 꼭 들어맞음.

.... [　　　]

94 서로 맞대어 비교함.

.... [　　　]

10 다음 漢字의 略字(약자 : 획수를 줄인 漢字)를 쓰세요. 95~97번

95 國 − [　　　]　96 來 − [　　　]

97 號 − [　　　]

11 다음 漢字의 색이 다른 획은 몇 번째 쓰는지 |보기|에서 찾아 그 번호를 쓰세요. 98~100번

|보기|

① 첫 번째　　② 두 번째　　③ 세 번째
④ 네 번째　　⑤ 다섯 번째　⑥ 여섯 번째
⑦ 일곱 번째　⑧ 여덟 번째　⑨ 아홉 번째
⑩ 열 번째

98 雨 .... [　　　]

99 放 .... [　　　]

100 姓 .... [　　　]

한자능력검정시험 5급 예상문제

(사) 한국어문회 주관

합격문항	70문항
시험시간	50분
정답	175쪽

01 다음 漢字語의 讀音을 쓰세요. 01~35번

| 보기 |

讀音 → [독음]

01 사신을 파견하여 교역을 청했던 일을 **史料**를 통해 확인할 수 있다.
  …………………… [   ]

02 두 사람은 서로를 알아주는 **知己**에서 의 형제로까지 발전하였다.
  …………………… [   ]

03 한 번의 실수로 평생을 마음속에 **罪責**을 안고 살아야만 했다. ‥ [   ]

04 아버지는 찌그러진 **洋銀** 도시락을 보고 학창 시절을 떠올리셨다.
  …………………… [   ]

05 조선을 건국한 태조 이성계는 삼각산 아래에 **都邑**을 정하였다.
  …………………… [   ]

06 그동안의 **功勞**를 인정받아 특별상을 받았다. ………… [   ]

07 ‘주의 사항을 **參考**하기 바란다.’는 안내문이 있었다. ……… [   ]

08 등대의 불빛이 **漁船**들의 뱃길을 인도해 주었다. ………… [   ]

09 말들이 끝없이 펼쳐진 **草原**에서 마음껏 뛰놀고 있다. ……… [   ]

10 민주주의의 근본 **理念**은 인간의 존엄성 추구이다. ………… [   ]

11 육상대회는 **順位** 다툼으로 흥미를 더하였다. ………… [   ]

12 그는 교통 법규를 위반한 혐의로 경찰에 **立件**되었다. ……… [   ]

13 인정도 눈물도 없는 **惡漢**은 끝내 용서받지 못하였다. ……… [   ]

14 그는 **良識** 있는 행동과 신념으로 지도자의 면모를 보였다. ……… [   ]

15 18세기 **初葉**에 제작된 유물이 발견되었다.
  …………………… [   ]

16 광부들은 작업에 필요한 공구를 **炭車**에 실었다. ………… [   ]

17 신제품은 **質的**으로 많은 차이를 보였다.
  …………………… [   ]

18 그는 방금 **洗手**를 해서인지 얼굴이 곱다랗게 보였다. ·········· [　　　]

19 직원은 사용 방법에 대하여 **親切**하게 가르쳐 주었다. ·········· [　　　]

20 부부는 자녀 교육과 **養育**에 많은 노력을 기울였다. ··············· [　　　]

21 團地 [　　　]　　22 唱曲 [　　　]

23 卓效 [　　　]　　24 過客 [　　　]

25 凶計 [　　　]　　26 赤色 [　　　]

27 廣野 [　　　]　　28 弱卒 [　　　]

29 特使 [　　　]　　30 結實 [　　　]

31 牛馬 [　　　]　　32 德談 [　　　]

33 數量 [　　　]　　34 雪景 [　　　]

35 筆致 [　　　]

02 다음 漢字의 訓과 音을 쓰세요. 　36~58번

| 보기 |

字 → [글자 자]

36 屋 [　　　]　　37 鼻 [　　　]

38 所 [　　　]　　39 局 [　　　]

40 舊 [　　　]　　41 利 [　　　]

42 傳 [　　　]　　43 聞 [　　　]

44 任 [　　　]　　45 京 [　　　]

46 令 [　　　]　　47 願 [　　　]

48 能 [　　　]　　49 各 [　　　]

50 問 [　　　]　　51 患 [　　　]

52 太 [　　　]　　53 英 [　　　]

54 雄 [　　　]　　55 今 [　　　]

56 無 [　　　]　　57 失 [　　　]

58 億 [　　　]

03 다음 밑줄 친 漢字語를 漢字로 쓰세요.

59~73번

| 보기 |

한자 → [漢字]

59 안개가 짙어서 **방향**을 알 수 없었다.

··································· [　　　]

60 그의 선행은 **감동**을 주었다.

··································· [　　　]

61 지방에 사는 친구가 **급행**열차를 타고 서울에 올라왔다. ······ [   ]

62 정삼각형에는 **직각**이 없다.

·························· [   ]

63 모두들 무사하다니 참 **다행**이다.

·························· [   ]

64 전국의 **기온**이 영하로 내려갔다.

·························· [   ]

65 모든 일이 **의도**대로 되지 않았다.

·························· [   ]

66 잘못에 대해 **반성**을 하였다.

·························· [   ]

67 **전자**제품 가게에서 게임기를 샀다.

·························· [   ]

68 많은 자료를 **공개**하였다.

·························· [   ]

69 민속놀이의 **유래**를 설명하였다.

·························· [   ]

70 그곳은 **풍광**이 아름답다.

·························· [   ]

71 회원들의 **동의**가 필요하다.

·························· [   ]

72 여러 분수를 통분하여 얻은 분모를 '**공통**분모'라고 한다. ······ [   ]

73 단순한 지식의 **주입**으로는 올바른 인간이 될 수 없다. ············ [   ]

04 다음 訓과 音에 맞는 漢字를 쓰세요. 74~78번

|보기|

글자 자 → [字]

74 인간 세 [   ]   **75** 동산 원 [   ]

76 나눌 반 [   ]   **77** 빌   공 [   ]

78 종이 지 [   ]

05 다음 漢字와 뜻이 相對 또는 反對되는 漢字를 쓰세요.   79~81번

79 朝 ↔ [   ]   **80** [   ] ↔ 下

81 [   ] ↔ 戰

06 다음 [   ]에 들어갈 漢字를 |보기|에서 찾아 그 번호를 써서 漢字語를 만드세요. 82~85번

|보기|

① 工商   ② 合日   ③ 成說   ④ 流水
⑤ 不二   ⑥ 青流   ⑦ 性說   ⑧ 競爭

82 語不 [   ]   **83** 士農 [   ]

84 價格 [   ]   **85** 高山 [   ]

07 다음 漢字와 뜻이 같거나 비슷한 漢字를 |보기|에서 찾아 그 번호를 쓰세요.   86~88번

|보기|
① 校 ② 本 ③ 訓 ④ 服 ⑤ 學 ⑥ 表

86 根 = [   ]   87 衣 = [   ]

88 敎 = [   ]

08 다음 漢字와 音은 같은데 뜻이 다른 漢字를 |보기|에서 찾아 그 번호를 쓰세요.   89~91번

|보기|
① 止 ② 終 ③ 土 ④ 災 ⑤ 有
⑥ 雨 ⑦ 心 ⑧ 信 ⑨ 重 ⑩ 類

89 在 - [   ]   90 友 - [   ]

91 種 - [   ]

09 다음 뜻풀이에 맞는 漢字語를 |보기|에서 찾아 그 번호를 쓰세요.   92~94번

|보기|
① 源金   ② 冷待   ③ 身長   ④ 冷代
⑤ 元金   ⑥ 冷情   ⑦ 人長   ⑧ 千金

92 사람의 키. ·············· [   ]

93 푸대접. ·············· [   ]

94 밑천으로 들인 돈. ·· [   ]

10 다음 漢字의 略字(약자 : 획수를 줄인 漢字)를 쓰세요.   95~97번

95 樂 - [   ]   96 對 - [   ]

97 萬 - [   ]

11 다음 漢字의 색이 다른 획은 몇 번째 쓰는지 |보기|에서 찾아 그 번호를 쓰세요.   98~100번

|보기|
① 첫 번째   ② 두 번째   ③ 세 번째
④ 네 번째   ⑤ 다섯 번째   ⑥ 여섯 번째
⑦ 일곱 번째   ⑧ 여덟 번째   ⑨ 아홉 번째
⑩ 열 번째

98 安 ············· [   ]

99 年 ············· [   ]

100 事 ············· [   ]

01 다음 漢字語의 讀音을 쓰세요. 01~35번

보기
讀音 → [독음]

01 完結 [　　　] 02 短調 [　　　]

03 船橋 [　　　] 04 便紙 [　　　]

05 順序 [　　　] 06 原因 [　　　]

07 要約 [　　　] 08 溫和 [　　　]

09 放任 [　　　] 10 當然 [　　　]

11 養魚 [　　　] 12 畫具 [　　　]

13 參加 [　　　] 14 號令 [　　　]

15 最初 [　　　] 16 牛角 [　　　]

17 良質 [　　　] 18 長打 [　　　]

19 惡熱 [　　　] 20 道理 [　　　]

21 칠월 칠석은 견우와 직녀의 **傳說**이 깃든 명절이다. ……………… [　　　]

22 의사는 **相談**을 마친 아이에게 "참을성이 많구나!"라며 칭찬하였다.

　………………………… [　　　]

23 인격과 **德性**을 갖춘 슬기로운 인재를 육성하고자 하였다. ……… [　　　]

24 슈바이처 박사는 세계평화와 **人類**공영에 이바지하였다. ……… [　　　]

25 남아 있는 기록을 통해 **歷史**의 흔적을 더 듬어보기로 하였다. ‥ [　　　]

26 다행히 **切開** 부위가 잘 아물어서 흉터가 남지 않았다. ………… [　　　]

27 고도가 높은 곳이라 기온의 **變化**가 심하였다. ………………… [　　　]

28 거듭된 실패에도 불구하고 그는 **再擧**의 기회를 노리고 있었다.

　………………………………… [　　　]

29 그는 매우 특이한 **唱法**으로 노래를 한다.

　………………………………… [　　　]

30 "전기문을 읽고, 훌륭한 사람이 되겠다고 **決心**했다." …………… [　　　]

31 고유어는 우리말의 <u>基本</u> 바탕을 이루고
　　있다. ·················· [　　　　]

32 국경일을 기념하는 포스터를 <u>圖案</u>하였다.
　　······························ [　　　　]

33 컴퓨터 통신망을 통해 <u>在宅</u>근무를 하는
　　사람들이 늘고 있다. ·· [　　　　]

34 분위기에 잘 맞는 노래들이 자동 <u>選曲</u>되
　　어 흘러나왔다. ······ [　　　　]

35 정자에 올라서니 탁 트인 <u>景致</u>에 기분이
　　상쾌하였다. ··········· [　　　　]

02 다음 漢字의 訓과 音을 쓰세요. 　36~58번

| 보기 |
字 → [글자 자]

36 廣 [　　　] 37 領 [　　　]

38 庭 [　　　] 39 葉 [　　　]

40 速 [　　　] 41 待 [　　　]

42 勇 [　　　] 43 島 [　　　]

44 油 [　　　] 45 畫 [　　　]

46 近 [　　　] 47 競 [　　　]

48 客 [　　　] 49 輕 [　　　]

50 典 [　　　] 51 氷 [　　　]

52 料 [　　　] 53 色 [　　　]

54 美 [　　　] 55 技 [　　　]

56 患 [　　　] 57 勞 [　　　]

58 比 [　　　]

03 다음 밑줄 친 漢字語를 漢字로 쓰세요.
　　　　　　　　　　　59~73번

| 보기 |
한자 → [漢字]

59 남녀 **교대**로 당번을 합니다.
　　······························ [　　　　]

60 그는 **세계** 기록을 경신하였습니다.
　　······························ [　　　　]

61 우리는 단일 **민족**입니다.
　　······························ [　　　　]

62 **체육** 시간은 즐겁습니다.
　　······························ [　　　　]

63 우리는 삼**형제**입니다.
　　······························ [　　　　]

64 주말에 봉사**활동**을 하였습니다.

.... [   ]

65 아침 **식사**는 가족이 함께 합니다.

.... [   ]

66 아침과 저녁을 '**조석**'이라고 합니다.

.... [   ]

67 그는 **근래**에 보기 드문 명창입니다.

.... [   ]

68 오늘은 **오전**수업만 합니다.

.... [   ]

69 **일기**를 꾸준히 쓰면 글을 잘 쓰게 됩니다.

.... [   ]

70 선수단이 씩씩하게 **입장**합니다.

.... [   ]

71 **남부** 지방에 눈이 내립니다.

.... [   ]

72 **창문**으로 따가운 햇살이 비칩니다.

.... [   ]

73 무분별한 벌목으로 **산림**이 파괴됩니다.

.... [   ]

04 다음 訓과 音에 맞는 漢字를 쓰세요. 74~78번

| 보기 |
| 글자 자 → [字] |

74 제목 제 [   ]   **75** 업   업 [   ]

76 귀신 신 [   ]   **77** 부을 주 [   ]

78 푸를 록 [   ]

05 다음 漢字와 뜻이 相對 또는 反對되는 漢字를 쓰세요.   79~81번

79 古 ↔ [   ]   **80** [   ] ↔ 陸

81 苦 ↔ [   ]

06 다음 [   ]에 들어갈 漢字를 |보기|에서 찾아 그 번호를 써서 漢字語를 만드세요. 82~85번

| 보기 |
| ① 工學   ② 公學   ③ 書生   ④ 姓名 |
| ⑤ 正大   ⑥ 成家   ⑦ 先生   ⑧ 室內 |

82 公明 [   ]   **83** 生命 [   ]

84 自手 [   ]   **85** 白面 [   ]

07 다음 漢字와 뜻이 같거나 비슷한 漢字를 |보기| 에서 찾아 그 번호를 쓰세요.   86~88번

| 보기 |
| ① 實 ② 失 ③ 訓 ④ 止 ⑤ 地 ⑥ 算 |

86 計 = [   ]   **87** 果 = [   ]

88 停 = [   ]

08 다음 漢字와 音은 같은데 뜻이 다른 漢字를 |보기|에서 찾아 그 번호를 쓰세요. 89~91번

|보기|
① 圓 ② 價 ③ 壇 ④ 鼻 ⑤ 多
⑥ 獨 ⑦ 局 ⑧ 萬 ⑨ 服 ⑩ 衣

89 團 - [   ] 90 福 - [   ]

91 費 - [   ]

09 다음 뜻풀이에 맞는 漢字語를 |보기|에서 찾아 그 번호를 쓰세요. 92~94번

|보기|
① 惡寒 ② 六感 ③ 科外 ④ 感用
⑤ 凶漢 ⑥ 感情 ⑦ 課外 ⑧ 惡韓

92 흉악한 짓을 하는 사람.
.... [   ]

93 사물의 본질을 직감적으로 파악하는 정신 작용. .... [   ]

94 정해진 학과 과정이나 근무 시간 이외.
.... [   ]

10 다음 漢字의 略字(약자 : 획수를 줄인 漢字)를 쓰세요. 95~97번

95 氣 - [   ] 96 定 - [   ]

97 數 - [   ]

11 다음 漢字의 색이 다른 획은 몇 번째 쓰는지 |보기|에서 찾아 그 번호를 쓰세요. 98~100번

|보기|
① 첫 번째   ② 두 번째   ③ 세 번째
④ 네 번째   ⑤ 다섯 번째 ⑥ 여섯 번째
⑦ 일곱 번째 ⑧ 여덟 번째 ⑨ 아홉 번째
⑩ 열 번째

98 弱 .... [   ]

99 樂 .... [   ]

100 醫 .... [   ]

15회 한자능력검정시험 5급

예상문제

(사) 한국어문회 주관

합격문항	70문항
시험시간	50분
정 답	178쪽

01 다음 漢字語의 讀音을 쓰세요. 01~35번

|보기|

讀音 → [독음]

01 박물관 공원에 증기기관차가 **展示**되어
있었다. ·················· [   ]

02 만 7세 이상 **兒童**은 초등학교 교육을 받을
의무가 있다. ·········· [   ]

03 서로의 발전을 위해서는 **勞使** 간의 화합
이 중요하다. ·········· [   ]

04 투표 결과, 과반수 이상의 찬성으로 **可決**
되었다. ·················· [   ]

05 사생대회에서 가작으로 당선되어 **賞品**을
받았다. ·················· [   ]

06 그는 **局量**이 넓고 너그러워 모난 주장을
내세우지 않았다. ····· [   ]

07 온정의 손길이 **歲末**과 연초를 지나면 뜸
해지는 것을 우려하였다.
·················· [   ]

08 인공 지능 센서가 있어서 온도와 습도가
자동으로 **調節**되었다.
·················· [   ]

09 할아버지는 모든 재산을 **獨立**운동 자금
으로 내놓으셨다. ···· [   ]

10 남북 회담으로 통일에 대한 **期待**가 높아
지고 있다. ·············· [   ]

11 해수면의 온도가 높아지면 **大氣** 중의 수
증기도 늘어난다. ····· [   ]

12 백일을 맞이한 아기에게 무병장수를 **祝
福**해 주었다. ·········· [   ]

13 친구가 선물한 만년필을 **愛重**하여 늘 지
니고 다녔다. ·········· [   ]

14 갑자기 기온이 떨어지는 바람에 채소 **價
格**이 비싸졌다. ········ [   ]

15 겨울철에는 난방 기구가 **過熱**되지 않도
록 주의해야 한다. ···· [   ]

16 여러 가지 **惡材** 때문에 당분간 정상 운영
이 어렵게 되었다. ···· [   ]

17 오랜 시간 자연적인 **風化** 작용에 깎인 암석
들이 조각품 같다. ···· [   ]

18 구급차를 기다리는 동안 **患者**에게 응급
처치를 하였다. ········ [   ]

19 옛날에는 **魚油**에 심지를 적셔 등잔불을 밝혔다. ·················· [   ]

20 단원들은 활기찬 무대를 펼치기 위해 구슬땀을 흘리며 **練習**하였다.
················· [   ]

21 物件 [   ] 22 種類 [   ]

23 效果 [   ] 24 病院 [   ]

25 倍加 [   ] 26 質的 [   ]

27 亡朝 [   ] 28 筆寫 [   ]

29 無根 [   ] 30 觀客 [   ]

31 再活 [   ] 32 實費 [   ]

33 晝夜 [   ] 34 生産 [   ]

35 賣店 [   ]

---

02 다음 漢字의 訓과 音을 쓰세요. 36～58번

| 보기 |
字 → [글자 자]

36 雲 [   ] 37 炭 [   ]

38 貯 [   ] 39 案 [   ]

40 具 [   ] 41 識 [   ]

42 偉 [   ] 43 旅 [   ]

---

44 能 [   ] 45 必 [   ]

46 健 [   ] 47 都 [   ]

48 曜 [   ] 49 束 [   ]

50 元 [   ] 51 爭 [   ]

52 性 [   ] 53 操 [   ]

54 卒 [   ] 55 船 [   ]

56 板 [   ] 57 湖 [   ]

58 直 [   ]

---

03 다음 밑줄 친 漢字語를 漢字로 쓰세요.
59～73번

| 보기 |
한자 → [漢字]

59 가원이는 **내년**에 중학교에 입학합니다.
················· [   ]

60 수학은 **계산** 문제가 어렵습니다.
················· [   ]

61 **효행**은 인간의 근본입니다.
················· [   ]

62 힘이 들어 **중간**에 쉬었습니다.
················· [   ]

63 **지도**를 보며 국사 공부를 합니다.
················· [   ]

64 매일 한자 **교육**을 합니다.

.... [   ]

65 **백두**산 천지에 올랐습니다.

.... [   ]

66 내일은 **오후** 수업이 없습니다.

.... [   ]

67 꾸준한 **운동**은 건강에 좋습니다.

.... [   ]

68 **해양** 소년 단원이 되었습니다.

.... [   ]

69 **형식**보다 실질을 중시합니다.

.... [   ]

70 화단에 **화초**가 가득합니다.

.... [   ]

71 학자가 **다수** 참석했습니다.

.... [   ]

72 군인들이 **군가**를 부릅니다.

.... [   ]

73 비 때문에 **야외** 공연이 취소되었습니다.

.... [   ]

04 다음 訓과 音에 맞는 漢字를 쓰세요. 74~78번

|보기|

글자 자 → [字]

74 차례 제 [   ]   **75** 예도 례 [   ]

76 살필 성 [   ]   **77** 번개 전 [   ]

78 마실 음 [   ]

05 다음 漢字와 뜻이 상대 또는 반대되는 漢字를 쓰세요.   79~81번

79 昨 ↔ [   ]   **80** [   ] ↔ 河

81 [   ] ↔ 他

06 다음 [   ]에 들어갈 漢字를 |보기|에서 찾아 그 번호를 써서 漢字語를 만드세요. 82~85번

|보기|

① 十答   ② 天里   ③ 知十   ④ 千里
⑤ 奉祀   ⑥ 奉仕   ⑦ 先擧   ⑧ 選擧

82 親切 [   ]   **83** 不遠 [   ]

84 公正 [   ]   **85** 聞一 [   ]

07 다음 漢字와 뜻이 같거나 비슷한 漢字를 |보기|에서 찾아 그 번호를 쓰세요.   86~88번

|보기|

① 體   ② 用   ③ 事   ④ 規   ⑤ 食   ⑥ 士

86 身 = [   ]   **87** 法 = [   ]

88 兵 = [   ]

08 다음 漢字와 흡은 같은데 뜻이 다른 漢字를 |보기|에서 찾아 그 번호를 쓰세요. 89~91번

|보기|

① 定　② 室　③ 唱　④ 雪　⑤ 近
⑥ 門　⑦ 紙　⑧ 曲　⑨ 堂　⑩ 貴

89 止 － [　　　] **90** 窓 － [　　　]

91 當 － [　　　]

09 다음 뜻풀이에 맞는 漢字語를 |보기|에서 찾아 그 번호를 쓰세요. 92~94번

|보기|

① 參見　② 參知　③ 公開　④ 共開
⑤ 六身　⑥ 耳順　⑦ 參入　⑧ 廣放

92 여러 사람에게 널리 터놓음.

.... [　　　]

93 나이 '예순'을 이르는 말.

.... [　　　]

94 (남의 일에) 끼어들어 아는 체하거나 간섭함.

.... [　　　]

10 다음 漢字의 略字(약자 : 획수를 줄인 漢字)를 쓰세요. 95~97번

95 發 － [　　　] **96** 醫 － [　　　]

97 藥 － [　　　]

11 다음 漢字의 색이 다른 획은 몇 번째 쓰는지 |보기|에서 찾아 그 번호를 쓰세요. 98~100번

|보기|

① 첫 번째　② 두 번째　③ 세 번째
④ 네 번째　⑤ 다섯 번째　⑥ 여섯 번째
⑦ 일곱 번째　⑧ 여덟 번째　⑨ 아홉 번째
⑩ 열 번째

98 交 .... [　　　]

99 成 .... [　　　]

100 術 .... [　　　]

수험번호 □□□-□□-□□□□   성명 □□□□□

생년월일 □□□□□□   ※ 주민등록번호 앞 6자리 숫자를 기입하십시오.   ※ 성명은 한글로 작성
                                                     ※ 필기구는 검정색 볼펜만 가능

※ 답안지는 컴퓨터로 처리되므로 구기거나 더럽히지 마시고, 정답 칸 안에만 쓰십시오.
    글씨가 채점란으로 들어오면 오답처리가 됩니다.

전국한자능력검정시험 5급 답안지(1) (시험시간:50분)

번호	답안란 정답	채점란 1검	채점란 2검	번호	답안란 정답	채점란 1검	채점란 2검	번호	답안란 정답	채점란 1검	채점란 2검
1				17				33			
2				18				34			
3				19				35			
4				20				36			
5				21				37			
6				22				38			
7				23				39			
8				24				40			
9				25				41			
10				26				42			
11				27				43			
12				28				44			
13				29				45			
14				30				46			
15				31				47			
16				32				48			

감독위원	채점위원(1)		채점위원(2)		채점위원(3)	
(서명)	(득점)	(서명)	(득점)	(서명)	(득점)	(서명)

※뒷면으로 이어짐

※ 답안지는 컴퓨터로 처리되므로 구기거나 더럽히지 마시고, 정답 칸 안에만 쓰십시오. 글씨가 채점란으로 들어오면 오답처리가 됩니다.

전국한자능력검정시험 5급 답안지(2)

번호	정답	1검	2검	번호	정답	1검	2검	번호	정답	1검	2검
49				67				85			
50				68				86			
51				69				87			
52				70				88			
53				71				89			
54				72				90			
55				73				91			
56				74				92			
57				75				93			
58				76				94			
59				77				95			
60				78				96			
61				79				97			
62				80				98			
63				81				99			
64				82				100			
65				83							
66				84							

수험번호 ☐☐☐-☐☐-☐☐☐☐   성명☐☐☐☐☐

생년월일 ☐☐☐☐☐☐ ※ 주민등록번호 앞 6자리 숫자를 기입하십시오. ※ 성명은 한글로 작성
                                              ※ 필기구는 검정색 볼펜만 가능

※ 답안지는 컴퓨터로 처리되므로 구기거나 더럽히지 마시고, 정답 칸 안에만 쓰십시오.
  글씨가 채점란으로 들어오면 오답처리가 됩니다.

전국한자능력검정시험 5급 답안지(1) (시험시간:50분)

번호	정답	1검	2검	번호	정답	1검	2검	번호	정답	1검	2검
1				17				33			
2				18				34			
3				19				35			
4				20				36			
5				21				37			
6				22				38			
7				23				39			
8				24				40			
9				25				41			
10				26				42			
11				27				43			
12				28				44			
13				29				45			
14				30				46			
15				31				47			
16				32				48			

감독위원	채점위원(1)		채점위원(2)		채점위원(3)	
(서명)	(득점)	(서명)	(득점)	(서명)	(득점)	(서명)

※뒷면으로 이어짐

※ 답안지는 컴퓨터로 처리되므로 구기거나 더럽히지 마시고, 정답 칸 안에만 쓰십시오. 글씨가 채점란으로 들어오면 오답처리가 됩니다.

전국한자능력검정시험 5급 답안지(2)

번호	정답	1검	2검	번호	정답	1검	2검	번호	정답	1검	2검
49				67				85			
50				68				86			
51				69				87			
52				70				88			
53				71				89			
54				72				90			
55				73				91			
56				74				92			
57				75				93			
58				76				94			
59				77				95			
60				78				96			
61				79				97			
62				80				98			
63				81				99			
64				82				100			
65				83							
66				84							

수험번호 □□□-□□-□□□□   성명 □□□□□

생년월일 □□□□□□ ※ 주민등록번호 앞 6자리 숫자를 기입하십시오. ※ 성명은 한글로 작성
                                                       ※ 필기구는 검정색 볼펜만 가능

※ 답안지는 컴퓨터로 처리되므로 구기거나 더럽히지 마시고, 정답 칸 안에만 쓰십시오.
    글씨가 채점란으로 들어오면 오답처리가 됩니다.

전국한자능력검정시험 5급 답안지(1) (시험시간:50분)

번호	답안란 정답	채점란 1검	채점란 2검	번호	답안란 정답	채점란 1검	채점란 2검	번호	답안란 정답	채점란 1검	채점란 2검
1				17				33			
2				18				34			
3				19				35			
4				20				36			
5				21				37			
6				22				38			
7				23				39			
8				24				40			
9				25				41			
10				26				42			
11				27				43			
12				28				44			
13				29				45			
14				30				46			
15				31				47			
16				32				48			

감독위원	채점위원(1)		채점위원(2)		채점위원(3)	
(서명)	(득점)	(서명)	(득점)	(서명)	(득점)	(서명)

※ 답안지는 컴퓨터로 처리되므로 구기거나 더럽히지 마시고, 정답 칸 안에만 쓰십시오. 글씨가 채점란으로 들어오면 오답처리가 됩니다.

전국한자능력검정시험 5급 답안지(2)

번호	정답	1검	2검	번호	정답	1검	2검	번호	정답	1검	2검
49				67				85			
50				68				86			
51				69				87			
52				70				88			
53				71				89			
54				72				90			
55				73				91			
56				74				92			
57				75				93			
58				76				94			
59				77				95			
60				78				96			
61				79				97			
62				80				98			
63				81				99			
64				82				100			
65				83							
66				84							

(답안란 / 채점란)

수험번호 □□□-□□-□□□□ 　　성명□□□□□

생년월일 □□□□□□ ※ 주민등록번호 앞 6자리 숫자를 기입하십시오. ※ 성명은 한글로 작성
　　　　　　　　　　　　　　　　　　　　　　　　　　　　　　※ 필기구는 검정색 볼펜만 가능

※ 답안지는 컴퓨터로 처리되므로 구기거나 더럽히지 마시고, 정답 칸 안에만 쓰십시오.
　글씨가 채점란으로 들어오면 오답처리가 됩니다.

전국한자능력검정시험 5급 답안지(1) (시험시간:50분)

번호	정답	1검	2검	번호	정답	1검	2검	번호	정답	1검	2검
1				17				33			
2				18				34			
3				19				35			
4				20				36			
5				21				37			
6				22				38			
7				23				39			
8				24				40			
9				25				41			
10				26				42			
11				27				43			
12				28				44			
13				29				45			
14				30				46			
15				31				47			
16				32				48			

감독위원	채점위원(1)		채점위원(2)		채점위원(3)	
(서명)	(득점)	(서명)	(득점)	(서명)	(득점)	(서명)

※뒷면으로 이어짐

전국한자능력검정시험 5급 답안지(2)

답안란		채점란		답안란		채점란		답안란		채점란	
번호	정답	1검	2검	번호	정답	1검	2검	번호	정답	1검	2검
49				67				85			
50				68				86			
51				69				87			
52				70				88			
53				71				89			
54				72				90			
55				73				91			
56				74				92			
57				75				93			
58				76				94			
59				77				95			
60				78				96			
61				79				97			
62				80				98			
63				81				99			
64				82				100			
65				83							
66				84							

수험번호 □□□-□□-□□□□　　　성명 □□□□□

생년월일 □□□□□□ ※ 주민등록번호 앞 6자리 숫자를 기입하십시오. ※ 성명은 한글로 작성
　　　　　　　　　　　　　　　　　　　　　　　　　　　　　 ※ 필기구는 검정색 볼펜만 가능

※ 답안지는 컴퓨터로 처리되므로 구기거나 더럽히지 마시고, 정답 칸 안에만 쓰십시오.
　글씨가 채점란으로 들어오면 오답처리가 됩니다.

전국한자능력검정시험 5급 답안지(1) (시험시간:50분)

번호	답안란 정답	채점란 1검	2검	번호	답안란 정답	채점란 1검	2검	번호	답안란 정답	채점란 1검	2검
1				17				33			
2				18				34			
3				19				35			
4				20				36			
5				21				37			
6				22				38			
7				23				39			
8				24				40			
9				25				41			
10				26				42			
11				27				43			
12				28				44			
13				29				45			
14				30				46			
15				31				47			
16				32				48			

감독위원	채점위원(1)		채점위원(2)		채점위원(3)	
(서명)	(득점)	(서명)	(득점)	(서명)	(득점)	(서명)

※뒷면으로 이어짐

※ 답안지는 컴퓨터로 처리되므로 구기거나 더럽히지 마시고, 정답 칸 안에만 쓰십시오. 글씨가 채점란으로 들어오면 오답처리가 됩니다.

전국한자능력검정시험 5급 답안지(2)

번호	정답	1검	2검	번호	정답	1검	2검	번호	정답	1검	2검
49				67				85			
50				68				86			
51				69				87			
52				70				88			
53				71				89			
54				72				90			
55				73				91			
56				74				92			
57				75				93			
58				76				94			
59				77				95			
60				78				96			
61				79				97			
62				80				98			
63				81				99			
64				82				100			
65				83							
66				84							

수험번호 □□□-□□-□□□□   성명 □□□□□

생년월일 □□□□□□ ※ 주민등록번호 앞 6자리 숫자를 기입하십시오. ※ 성명은 한글로 작성
                                                    ※ 필기구는 검정색 볼펜만 가능

※ 답안지는 컴퓨터로 처리되므로 구기거나 더럽히지 마시고, 정답 칸 안에만 쓰십시오.
  글씨가 채점란으로 들어오면 오답처리가 됩니다.

전국한자능력검정시험 5급 답안지(1) (시험시간:50분)

번호	답안란 정답	채점란 1검	2검	번호	답안란 정답	채점란 1검	2검	번호	답안란 정답	채점란 1검	2검
1				17				33			
2				18				34			
3				19				35			
4				20				36			
5				21				37			
6				22				38			
7				23				39			
8				24				40			
9				25				41			
10				26				42			
11				27				43			
12				28				44			
13				29				45			
14				30				46			
15				31				47			
16				32				48			

감독위원	채점위원(1)		채점위원(2)		채점위원(3)	
(서명)	(득점)	(서명)	(득점)	(서명)	(득점)	(서명)

※ 뒷면으로 이어짐

※ 답안지는 컴퓨터로 처리되므로 구기거나 더럽히지 마시고, 정답 칸 안에만 쓰십시오. 글씨가 채점란으로 들어오면 오답처리가 됩니다.

전국한자능력검정시험 5급 답안지(2)

번호	정답	1검	2검	번호	정답	1검	2검	번호	정답	1검	2검
49				67				85			
50				68				86			
51				69				87			
52				70				88			
53				71				89			
54				72				90			
55				73				91			
56				74				92			
57				75				93			
58				76				94			
59				77				95			
60				78				96			
61				79				97			
62				80				98			
63				81				99			
64				82				100			
65				83							
66				84							

수험번호 □□□-□□-□□□□   성명 □□□□□

생년월일 □□□□□□ ※ 주민등록번호 앞 6자리 숫자를 기입하십시오. ※ 성명은 한글로 작성
※ 필기구는 검정색 볼펜만 가능

※ 답안지는 컴퓨터로 처리되므로 구기거나 더럽히지 마시고, 정답 칸 안에만 쓰십시오.
글씨가 채점란으로 들어오면 오답처리가 됩니다.

전국한자능력검정시험 5급 답안지(1) (시험시간:50분)

번호	답안란 정답	채점란 1검	2검	번호	답안란 정답	채점란 1검	2검	번호	답안란 정답	채점란 1검	2검
1				17				33			
2				18				34			
3				19				35			
4				20				36			
5				21				37			
6				22				38			
7				23				39			
8				24				40			
9				25				41			
10				26				42			
11				27				43			
12				28				44			
13				29				45			
14				30				46			
15				31				47			
16				32				48			

감독위원	채점위원(1)		채점위원(2)		채점위원(3)	
(서명)	(득점)	(서명)	(득점)	(서명)	(득점)	(서명)

※ 뒷면으로 이어짐

※ 답안지는 컴퓨터로 처리되므로 구기거나 더럽히지 마시고, 정답 칸 안에만 쓰십시오. 글씨가 채점란으로 들어오면 오답처리가 됩니다.

전국한자능력검정시험 5급 답안지(2)

번호	정답	1검	2검	번호	정답	1검	2검	번호	정답	1검	2검
49				67				85			
50				68				86			
51				69				87			
52				70				88			
53				71				89			
54				72				90			
55				73				91			
56				74				92			
57				75				93			
58				76				94			
59				77				95			
60				78				96			
61				79				97			
62				80				98			
63				81				99			
64				82				100			
65				83							
66				84							

전국한자능력검정시험 5급 답안지(1) (시험시간:50분)

번호	답안란 정답	채점란 1검	2검	번호	답안란 정답	채점란 1검	2검	번호	답안란 정답	채점란 1검	2검
1				17				33			
2				18				34			
3				19				35			
4				20				36			
5				21				37			
6				22				38			
7				23				39			
8				24				40			
9				25				41			
10				26				42			
11				27				43			
12				28				44			
13				29				45			
14				30				46			
15				31				47			
16				32				48			

감독위원	채점위원(1)		채점위원(2)		채점위원(3)	
(서명)	(득점)	(서명)	(득점)	(서명)	(득점)	(서명)

■　　　　　　　　　　　　　　　　　　　　※뒷면으로 이어짐　　　　■

※ 답안지는 컴퓨터로 처리되므로 구기거나 더럽히지 마시고, 정답 칸 안에만 쓰십시오. 글씨가 채점란으로 들어오면 오답처리가 됩니다.

전국한자능력검정시험 5급 답안지(2)

답안란		채점란		답안란		채점란		답안란		채점란	
번호	정답	1검	2검	번호	정답	1검	2검	번호	정답	1검	2검
49				67				85			
50				68				86			
51				69				87			
52				70				88			
53				71				89			
54				72				90			
55				73				91			
56				74				92			
57				75				93			
58				76				94			
59				77				95			
60				78				96			
61				79				97			
62				80				98			
63				81				99			
64				82				100			
65				83							
66				84							

■ ■

수험번호 □□□□-□□-□□□□ 성명 □□□□□

생년월일 □□□□□□ ※ 주민등록번호 앞 6자리 숫자를 기입하십시오. ※ 성명은 한글로 작성
※ 필기구는 검정색 볼펜만 가능

※ 답안지는 컴퓨터로 처리되므로 구기거나 더럽히지 마시고, 정답 칸 안에만 쓰십시오.
글씨가 채점란으로 들어오면 오답처리가 됩니다.

전국한자능력검정시험 5급 답안지(1) (시험시간:50분)

번호	정답	1검	2검	번호	정답	1검	2검	번호	정답	1검	2검
1				17				33			
2				18				34			
3				19				35			
4				20				36			
5				21				37			
6				22				38			
7				23				39			
8				24				40			
9				25				41			
10				26				42			
11				27				43			
12				28				44			
13				29				45			
14				30				46			
15				31				47			
16				32				48			

감독위원	채점위원(1)		채점위원(2)		채점위원(3)	
(서명)	(득점)	(서명)	(득점)	(서명)	(득점)	(서명)

※뒷면으로 이어짐

전국한자능력검정시험 5급 답안지(2)

번호	정답	1검	2검	번호	정답	1검	2검	번호	정답	1검	2검
49				67				85			
50				68				86			
51				69				87			
52				70				88			
53				71				89			
54				72				90			
55				73				91			
56				74				92			
57				75				93			
58				76				94			
59				77				95			
60				78				96			
61				79				97			
62				80				98			
63				81				99			
64				82				100			
65				83							
66				84							

수험번호 □□□-□□-□□□□ 　　　성명 □□□□□

생년월일 □□□□□□ ※ 주민등록번호 앞 6자리 숫자를 기입하십시오. ※ 성명은 한글로 작성
　　　　　　　　　　　　　　　　　　　　　　　 ※ 필기구는 검정색 볼펜만 가능

※ 답안지는 컴퓨터로 처리되므로 구기거나 더럽히지 마시고, 정답 칸 안에만 쓰십시오.
　글씨가 채점란으로 들어오면 오답처리가 됩니다.

전국한자능력검정시험 5급 답안지(1) (시험시간:50분)

번호	정답	1검	2검	번호	정답	1검	2검	번호	정답	1검	2검
1				17				33			
2				18				34			
3				19				35			
4				20				36			
5				21				37			
6				22				38			
7				23				39			
8				24				40			
9				25				41			
10				26				42			
11				27				43			
12				28				44			
13				29				45			
14				30				46			
15				31				47			
16				32				48			

감독위원	채점위원(1)		채점위원(2)		채점위원(3)	
(서명)	(득점)	(서명)	(득점)	(서명)	(득점)	(서명)

※뒷면으로 이어짐

※ 답안지는 컴퓨터로 처리되므로 구기거나 더럽히지 마시고, 정답 칸 안에만 쓰십시오. 글씨가 채점란으로 들어오면 오답처리가 됩니다.

전국한자능력검정시험 5급 답안지(2)

번호	정답	1검	2검	번호	정답	1검	2검	번호	정답	1검	2검
49				67				85			
50				68				86			
51				69				87			
52				70				88			
53				71				89			
54				72				90			
55				73				91			
56				74				92			
57				75				93			
58				76				94			
59				77				95			
60				78				96			
61				79				97			
62				80				98			
63				81				99			
64				82				100			
65				83							
66				84							

(답안란 / 채점란 / 답안란 / 채점란 / 답안란 / 채점란)

수험번호 □□□-□□-□□□□   성명 □□□□□

생년월일 □□□□□□   ※ 주민등록번호 앞 6자리 숫자를 기입하십시오. ※ 성명은 한글로 작성
                                                      ※ 필기구는 검정색 볼펜만 가능

※ 답안지는 컴퓨터로 처리되므로 구기거나 더럽히지 마시고, 정답 칸 안에만 쓰십시오.
   글씨가 채점란으로 들어오면 오답처리가 됩니다.

전국한자능력검정시험 5급 답안지(1) (시험시간:50분)

번호	정답	1검	2검	번호	정답	1검	2검	번호	정답	1검	2검
1				17				33			
2				18				34			
3				19				35			
4				20				36			
5				21				37			
6				22				38			
7				23				39			
8				24				40			
9				25				41			
10				26				42			
11				27				43			
12				28				44			
13				29				45			
14				30				46			
15				31				47			
16				32				48			

감독위원	채점위원(1)		채점위원(2)		채점위원(3)	
(서명)	(득점)	(서명)	(득점)	(서명)	(득점)	(서명)

※뒷면으로 이어짐

※ 답안지는 컴퓨터로 처리되므로 구기거나 더럽히지 마시고, 정답 칸 안에만 쓰십시오. 글씨가 채점란으로 들어오면 오답처리가 됩니다.

전국한자능력검정시험 5급 답안지(2)

번호	정답	1검	2검	번호	정답	1검	2검	번호	정답	1검	2검
49				67				85			
50				68				86			
51				69				87			
52				70				88			
53				71				89			
54				72				90			
55				73				91			
56				74				92			
57				75				93			
58				76				94			
59				77				95			
60				78				96			
61				79				97			
62				80				98			
63				81				99			
64				82				100			
65				83							
66				84							

수험번호 □□□-□□-□□□□　　성명 □□□□□

생년월일 □□□□□□　※ 주민등록번호 앞 6자리 숫자를 기입하십시오. ※ 성명은 한글로 작성
　　　　　　　　　　　　　　　　　　　　　　　　　　　　　　※ 필기구는 검정색 볼펜만 가능

※ 답안지는 컴퓨터로 처리되므로 구기거나 더럽히지 마시고, 정답 칸 안에만 쓰십시오.
　　글씨가 채점란으로 들어오면 오답처리가 됩니다.

전국한자능력검정시험 5급 답안지(1) (시험시간:50분)

번호	정답	1검	2검	번호	정답	1검	2검	번호	정답	1검	2검
1				17				33			
2				18				34			
3				19				35			
4				20				36			
5				21				37			
6				22				38			
7				23				39			
8				24				40			
9				25				41			
10				26				42			
11				27				43			
12				28				44			
13				29				45			
14				30				46			
15				31				47			
16				32				48			

감독위원	채점위원(1)		채점위원(2)		채점위원(3)	
(서명)	(득점)	(서명)	(득점)	(서명)	(득점)	(서명)

※뒷면으로 이어짐

※ 답안지는 컴퓨터로 처리되므로 구기거나 더럽히지 마시고, 정답 칸 안에만 쓰십시오. 글씨가 채점란으로 들어오면 오답처리가 됩니다.

전국한자능력검정시험 5급 답안지(2)

번호	정답	1검	2검	번호	정답	1검	2검	번호	정답	1검	2검
49				67				85			
50				68				86			
51				69				87			
52				70				88			
53				71				89			
54				72				90			
55				73				91			
56				74				92			
57				75				93			
58				76				94			
59				77				95			
60				78				96			
61				79				97			
62				80				98			
63				81				99			
64				82				100			
65				83							
66				84							

상단 답안란/채점란 머리글: 답안란 | 채점란 | 답안란 | 채점란 | 답안란 | 채점란

수험번호 □□□-□□-□□□□   성명 □□□□□

생년월일 □□□□□□ ※ 주민등록번호 앞 6자리 숫자를 기입하십시오. ※ 성명은 한글로 작성
※ 필기구는 검정색 볼펜만 가능

※ 답안지는 컴퓨터로 처리되므로 구기거나 더럽히지 마시고, 정답 칸 안에만 쓰십시오.
글씨가 채점란으로 들어오면 오답처리가 됩니다.

전국한자능력검정시험 5급 답안지(1) (시험시간:50분)

번호	답안란 정답	채점란 1검	2검	번호	답안란 정답	채점란 1검	2검	번호	답안란 정답	채점란 1검	2검
1				17				33			
2				18				34			
3				19				35			
4				20				36			
5				21				37			
6				22				38			
7				23				39			
8				24				40			
9				25				41			
10				26				42			
11				27				43			
12				28				44			
13				29				45			
14				30				46			
15				31				47			
16				32				48			

감독위원	채점위원(1)		채점위원(2)		채점위원(3)	
(서명)	(득점)	(서명)	(득점)	(서명)	(득점)	(서명)

※ 답안지는 컴퓨터로 처리되므로 구기거나 더럽히지 마시고, 정답 칸 안에만 쓰십시오. 글씨가 채점란으로 들어오면 오답처리가 됩니다.

전국한자능력검정시험 5급 답안지(2)

번호	정답	1검	2검	번호	정답	1검	2검	번호	정답	1검	2검
49				67				85			
50				68				86			
51				69				87			
52				70				88			
53				71				89			
54				72				90			
55				73				91			
56				74				92			
57				75				93			
58				76				94			
59				77				95			
60				78				96			
61				79				97			
62				80				98			
63				81				99			
64				82				100			
65				83							
66				84							

5 0 1

수험번호 □□□-□□-□□□□   성명 □□□□□

생년월일 □□□□□□ ※ 주민등록번호 앞 6자리 숫자를 기입하십시오. ※ 성명은 한글로 작성
※ 필기구는 검정색 볼펜만 가능

※ 답안지는 컴퓨터로 처리되므로 구기거나 더럽히지 마시고, 정답 칸 안에만 쓰십시오.
글씨가 채점란으로 들어오면 오답처리가 됩니다.

전국한자능력검정시험 5급 답안지(1) (시험시간:50분)

번호	답안란 정답	채점란 1검	채점란 2검	번호	답안란 정답	채점란 1검	채점란 2검	번호	답안란 정답	채점란 1검	채점란 2검
1				17				33			
2				18				34			
3				19				35			
4				20				36			
5				21				37			
6				22				38			
7				23				39			
8				24				40			
9				25				41			
10				26				42			
11				27				43			
12				28				44			
13				29				45			
14				30				46			
15				31				47			
16				32				48			

감독위원	채점위원(1)		채점위원(2)		채점위원(3)	
(서명)	(득점)	(서명)	(득점)	(서명)	(득점)	(서명)

※뒷면으로 이어짐

※ 답안지는 컴퓨터로 처리되므로 구기거나 더럽히지 마시고, 정답 칸 안에만 쓰십시오. 글씨가 채점란으로 들어오면 오답처리가 됩니다.

전국한자능력검정시험 5급 답안지(2)

번호	정답	1검	2검	번호	정답	1검	2검	번호	정답	1검	2검
49				67				85			
50				68				86			
51				69				87			
52				70				88			
53				71				89			
54				72				90			
55				73				91			
56				74				92			
57				75				93			
58				76				94			
59				77				95			
60				78				96			
61				79				97			
62				80				98			
63				81				99			
64				82				100			
65				83							
66				84							

수험번호 □□□-□□-□□□□   성명 □□□□□

생년월일 □□□□□□ ※ 주민등록번호 앞 6자리 숫자를 기입하십시오. ※ 성명은 한글로 작성
※ 필기구는 검정색 볼펜만 가능

※ 답안지는 컴퓨터로 처리되므로 구기거나 더럽히지 마시고, 정답 칸 안에만 쓰십시오.
  글씨가 채점란으로 들어오면 오답처리가 됩니다.

전국한자능력검정시험 5급 답안지(1) (시험시간:50분)

번호	답안란 정답	채점란 1검	2검	번호	답안란 정답	채점란 1검	2검	번호	답안란 정답	채점란 1검	2검
1				17				33			
2				18				34			
3				19				35			
4				20				36			
5				21				37			
6				22				38			
7				23				39			
8				24				40			
9				25				41			
10				26				42			
11				27				43			
12				28				44			
13				29				45			
14				30				46			
15				31				47			
16				32				48			

감독위원	채점위원(1)		채점위원(2)		채점위원(3)	
(서명)	(득점)	(서명)	(득점)	(서명)	(득점)	(서명)

※뒷면으로 이어짐

※ 답안지는 컴퓨터로 처리되므로 구기거나 더럽히지 마시고, 정답 칸 안에만 쓰십시오. 글씨가 채점란으로 들어오면 오답처리가 됩니다.

전국한자능력검정시험 5급 답안지(2)

번호	정답	1검	2검	번호	정답	1검	2검	번호	정답	1검	2검
49				67				85			
50				68				86			
51				69				87			
52				70				88			
53				71				89			
54				72				90			
55				73				91			
56				74				92			
57				75				93			
58				76				94			
59				77				95			
60				78				96			
61				79				97			
62				80				98			
63				81				99			
64				82				100			
65				83							
66				84							

수험번호 □□□-□□-□□□□   성명 □□□□□

생년월일 □□□□□□ ※ 주민등록번호 앞 6자리 숫자를 기입하십시오. ※ 성명은 한글로 작성
　　　　　　　　　　　　　　　　　　　　　　　　　　　　　　　　 ※ 필기구는 검정색 볼펜만 가능

※ 답안지는 컴퓨터로 처리되므로 구기거나 더럽히지 마시고, 정답 칸 안에만 쓰십시오.
　 글씨가 채점란으로 들어오면 오답처리가 됩니다.

전국한자능력검정시험 5급 답안지(1) (시험시간:50분)

번호	답안란 정답	채점란 1검	2검	번호	답안란 정답	채점란 1검	2검	번호	답안란 정답	채점란 1검	2검
1				17				33			
2				18				34			
3				19				35			
4				20				36			
5				21				37			
6				22				38			
7				23				39			
8				24				40			
9				25				41			
10				26				42			
11				27				43			
12				28				44			
13				29				45			
14				30				46			
15				31				47			
16				32				48			

감독위원	채점위원(1)		채점위원(2)		채점위원(3)	
(서명)	(득점)	(서명)	(득점)	(서명)	(득점)	(서명)

전국한자능력검정시험 5급 답안지(2)

번호	정답	1검	2검	번호	정답	1검	2검	번호	정답	1검	2검
49				67				85			
50				68				86			
51				69				87			
52				70				88			
53				71				89			
54				72				90			
55				73				91			
56				74				92			
57				75				93			
58				76				94			
59				77				95			
60				78				96			
61				79				97			
62				80				98			
63				81				99			
64				82				100			
65				83							
66				84							

(사) 한국어문회 주관

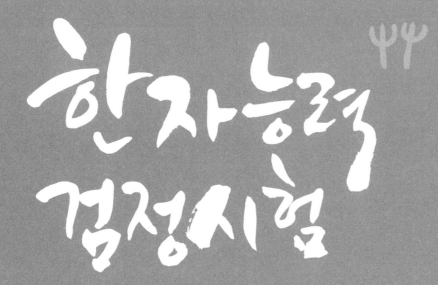

한자능력
검정시험

기출·예상문제 **5**급

▷ 1회 ~ 5회

정답과 해설은 180 ~ 187쪽에 있습니다.

01회 한자능력검정시험 **5**급
기출·예상문제

(사) **한국어문회** 주관	
합격문항	70문항
시험시간	50분
정 답	180쪽

01 다음 漢字語의 讀音을 쓰세요. 01~35번

|보기|

讀音 → [독음]

01 검투사는 살아남기 위하여 생존 **競爭**을 벌였다. ·················· [   ]

02 형은 전차 부대에 **士兵**으로 입대하였다. ·························· [   ]

03 중국 국적의 **漁船**들이 우리 영해를 침범 하였다. ··············· [   ]

04 회장 후보로서 자격 **要件**을 갖추어야 한다. ·························· [   ]

05 별장이 언덕 위에 있어 주변 **景觀**이 빼어 나다. ··············· [   ]

06 앞으로 거세게 몰아닥칠 폭풍의 **序曲**에 지나지 않았다. ······ [   ]

07 간만에 **洗車**하니 내 몸까지 깨끗해지는 것 같다. ··············· [   ]

08 학급별로 **週番** 활동을 하였다. ·························· [   ]

09 학생들에게 예법을 가르쳐 **品位**를 갖추 게 하였다. ··············· [   ]

10 다산 정약용은 거중기를 **考案**해냈다. ·························· [   ]

11 숲 속을 거닐면서 **新鮮**한 공기를 마셨다. ·························· [   ]

12 그의 **知的** 수준이 매우 높게 느껴졌다. ·························· [   ]

13 마을 축제에 **參席** 인원이 점점 늘어나고 있다. ··············· [   ]

14 백성들에게 효를 **強調**하기 위해 오륜행 실도를 제작하였다. [   ]

15 농민들은 검과 석궁 같은 **舊式** 무기로 무 장하였다. ··············· [   ]

16 임금은 인품과 **德望**이 높은 사림들을 등 용하였다. ··············· [   ]

17 원주민에게 농사짓는 법을 가르치고 **無料** 진료를 하였다. ······ [   ]

18 마을 사람들이 오랫동안 노력하여 **宿願** 사업을 해냈다. ······ [   ]

19 객석에서는 **再唱**을 외치며 박수가 터져 나왔다. ··············· [   ]

20 달콤하게 볶은 멸치가 **給食** 시간에 인기 가 많았다. ··············· [   ]

21 결승에 오른 두 팀은 <u>比等</u>한 경기를 펼쳤다.
‥‥‥‥‥‥‥‥‥‥‥‥‥ [　　　　　]

22 새로운 제품을 독자적으로 개발하고 <u>特許</u>를 따냈다. ‥‥‥‥‥ [　　　　　]

23 국제 <u>規約</u>을 마련하기 위해 힘을 모았다.
‥‥‥‥‥‥‥‥‥‥‥ [　　　　　]

24 전산시스템에 의해 자동으로 <u>賣買</u>가 이루어졌다. ‥‥‥‥‥‥ [　　　　　]

25 중요한 문서를 잃어버리지 않도록 <u>寫本</u>을 제작하였다. ‥‥‥‥ [　　　　　]

26 자연 현상으로 일어나는 <u>災害</u>가 늘어나고 있다. ‥‥‥‥‥‥ [　　　　　]

27 환경에 대한 <u>責任</u>의 중요성을 일깨웠다.
‥‥‥‥‥‥‥‥‥‥‥ [　　　　　]

28 마을을 대표하는 황소를 내세워 <u>勝敗</u>를 결정하였다. ‥‥‥‥‥ [　　　　　]

29 문화재는 후손에게 길이 물려줄 값진 <u>財産</u>이다. ‥‥‥‥‥‥ [　　　　　]

30 부모형제를 그리워하는 정을 <u>切實</u>하게 묘사하였다. ‥‥‥‥‥ [　　　　　]

31 자신의 재산을 군자금으로 <u>充當</u>하였다.
‥‥‥‥‥‥‥‥‥‥‥ [　　　　　]

32 민주 국가에서 국민은 <u>選擧</u>를 통해 국민의 대표를 뽑는다. ‥‥‥ [　　　　　]

33 먼저 자신을 <u>團束</u>해야 만이 남들로부터 공경 받을 수 있다. ‥ [　　　　　]

34 문학의 역사에서 그 위치가 인정되는 작품을 <u>古典</u>이라고 한다. ‥ [　　　　　]

35 인공위성은 지구에서 보면 항상 한 위치에 <u>停止</u>하고 있는 것처럼 보인다.
‥‥‥‥‥‥‥‥‥‥‥ [　　　　　]

02 다음 漢字의 訓과 音을 쓰세요. 36~58번

36 完 [　　　] **37** 曜 [　　　]
38 牛 [　　　] **39** 祝 [　　　]
40 炭 [　　　] **41** 類 [　　　]
42 赤 [　　　] **43** 鐵 [　　　]
44 關 [　　　] **45** 他 [　　　]
46 效 [　　　] **47** 冷 [　　　]
48 倍 [　　　] **49** 費 [　　　]
50 壇 [　　　] **51** 島 [　　　]
52 板 [　　　] **53** 建 [　　　]
54 罪 [　　　] **55** 湖 [　　　]
56 念 [　　　] **57** 氷 [　　　]
58 浴 [　　　]

03 다음 밑줄 친 漢字語를 漢字로 쓰세요.
59~73번

59 그는 <u>주야</u>로 연구에 몰두하였다.
‥‥‥‥‥‥‥‥‥‥‥ [　　　　　]

60 달과 별빛을 조명 삼아 **야외** 음악회가 열렸다. ……………… [　　　　]

61 그의 실종을 둘러싸고 갖가지 **소문**이 무성했다. ……………… [　　　　]

62 중동은 세계적인 **석유** 생산 지역이다. …………………………… [　　　　]

63 정부에서 독도를 주제로 우표를 **발행**하였다. ……………… [　　　　]

64 건전지를 오래 두었더니 **방전**이 되고 말았다. ……………… [　　　　]

65 일부 선박들이 폐유를 버려 **해양**을 오염시키고 있다. ………… [　　　　]

66 태양열을 이용하여 **온수**를 만드는 장치를 만들었다. ………… [　　　　]

67 두 사람은 어려서부터 매우 **친교**가 두터운 사이였다. ………… [　　　　]

68 온통 잔디로 덮여 있어 **공원**에 온 느낌이다. ……………………… [　　　　]

69 각종 국제 대회에서 놀라운 **성과**를 거두었다. ……………… [　　　　]

70 모두 그의 다정**다감**한 성격을 좋아하였다. ……………………… [　　　　]

71 경기 침체가 오래되면서 **실업**이 늘어나고 있다. ……………… [　　　　]

72 승강장에는 **통로**까지 사람들이 꽉 들어찼다. ……………… [　　　　]

73 기온이 높고 비가 많은 여름 계절풍은 벼농사에 **유리**하다. … [　　　　]

04 다음 訓과 音에 맞는 漢字를 쓰세요. 74~78번

74 반　반 [　　] **75** 손자 손 [　　]
76 화할 화 [　　] **77** 머리 두 [　　]
78 눈　목 [　　]

05 다음 한자와 뜻이 相對 또는 反對되는 한자를 쓰세요. 79~81번

79 黑 ↔ [　　] **80** [　　] ↔ 過
81 分 ↔ [　　]

06 다음 [　]에 들어갈 가장 적절한 漢字語를 |보기|에서 찾아 그 번호를 써서 漢字語를 만드세요. 82~85번

|보기|
① 古今　② 重大　③ 上章　④ 速戰
⑤ 現在　⑥ 以心　⑦ 相長　⑧ 雨順

82 [　　　]傳心 : 마음에서 마음으로 뜻을 전함.

83 東西 [　　　] : 동양과 서양, 옛날과 지금을 통틀어 이르는 말.

84 [　　　]速決 : 싸움을 오래 끌지 아니하고 빨리 몰아쳐 이기고 짐을 결정함.

85 敎學 [　　　　] : 남을 가르치는 일과 스승에게서 배우는 일이 서로 도와서 자기의 학문을 길러줌.

07 다음 漢字와 뜻이 같거나 비슷한 漢字를 |보기|에서 찾아 그 번호를 쓰세요.　86~88번

|보기|
① 州 ② 京 ③ 病 ④ 致 ⑤ 朗 ⑥ 旅

86 患 － [　　　　]　87 [　　　　] － 客

88 [　　　　] － 都

08 다음 漢字와 음은 같은데 뜻이 다른 漢字를 |보기|에서 두 개씩 찾아 그 번호를 쓰세요.　89~91번

|보기|
① 貴 ② 元 ③ 運 ④ 仕 ⑤ 思 ⑥ 練
⑦ 可 ⑧ 去 ⑨ 歲 ⑩ 價 ⑪ 貯 ⑫ 院

89 加 : [　　　　], [　　　　]

90 原 : [　　　　], [　　　　]

91 査 : [　　　　], [　　　　]

09 다음 뜻풀이에 맞는 漢字語를 |보기|에서 찾아 그 번호를 쓰세요.　92~94번

|보기|
① 家信 ② 家臣 ③ 家神 ④ 最善 ⑤ 最先
⑥ 最仙 ⑦ 冬基 ⑧ 同汽 ⑨ 同期

92 같은 시기. ………… [　　　　]

93 가장 좋고 훌륭함. … [　　　　]

94 권력자 가문에 들어가 그들을 섬기던 사람.
………………………… [　　　　]

10 다음 漢字의 略字(약자 : 획수를 줄인 漢字)를 쓰세요.　95~97번

95 醫 － [　　　　]　96 號 － [　　　　]

97 圖 － [　　　　]

11 다음 漢字의 색이 다른 획은 몇 번째 쓰는지 |보기|에서 찾아 그 번호를 쓰세요.　98~100번

|보기|
① 첫 번째　② 두 번째　③ 세 번째
④ 네 번째　⑤ 다섯 번째　⑥ 여섯 번째
⑦ 일곱 번째　⑧ 여덟 번째　⑨ 아홉 번째

98　書　………… [　　　　]

98　窓　………… [　　　　]

98　昨　………… [　　　　]

02회 한자능력검정시험 5급
기출·예상문제

(사) 한국어문회 주관

합격문항	70문항
시험시간	50분
정 답	181쪽

01 다음 漢字語의 讀音을 쓰세요. 01~35번

01 서해안에는 **養魚**할 수 있는 유리한 조건이 있다. ············ [   ]

02 두 사람은 한 마을에서 소꿉**親舊**로 자랐다.
············· [   ]

03 값에 비해 **品質**이 별로 좋지 않았다.
············· [   ]

04 명태는 북태평양에 널리 퍼져있는 **寒流**성 어족이다. ·········· [   ]

05 만장일치로 안건이 **可決**되었다.
············· [   ]

06 모두 좋은 **結果**가 나오기를 기대하였다.
············· [   ]

07 보다 쉽고 편리한 방법을 **考案**하였다.
············· [   ]

08 일행들은 석양이 지기 전에 목적지에 **到着**하였다. ············· [   ]

09 후보들은 공정한 **選擧**를 약속하였다.
············· [   ]

10 청아하고 맑은 **曲調**는 달빛을 타고 흘러갔다.
············· [   ]

11 위험지역에는 **過速**방지턱을 설치하였다.
············· [   ]

12 재난 대비 훈련 시간에 응급 처치 **要領**을 배웠다. ············· [   ]

13 자신이 행동한 결과에 **責任**을 질 줄 알아야 한다. ············· [   ]

14 치솟던 농산물 **價格**이 안정되었다.
············· [   ]

15 우리는 같은 조상을 가진 단일**民族**이다.
············· [   ]

16 나라를 다스리는 기준으로 **法典**을 펴냈다.
············· [   ]

17 가난한 환자들에게 헌신적인 **奉仕**를 하였다.
············· [   ]

18 망가진 물건도 고쳐 쓰는 **節約** 정신이 필요하다. ············· [   ]

19 낡은 조각배에는 낡은 **漁具**들이 놓여 있었다.
············· [   ]

20 도서관에서 세계 위인들의 **傳記**를 읽었다.
············· [   ]

21 까마득히 높은 **鐵橋**가 안개 속에 잠겨있다.
············· [   ]

22 많은 사람들이 **特效**가 있다고 알려진 약수터를 찾아왔다. ······ [   ]

23 깊은 산중에도 **廣板**을 얻을 만한 나무가 없었다. ·················· [　　　　]

24 애쓴 보람도 없이 일이 **失敗**로 돌아가고 말았다. ·················· [　　　　]

25 대나무를 생활용품을 만드는 **材料**로 활용하였다. ·········· [　　　　]

26 청과물 시장에는 온갖 **種類**의 과일이 있었다. ·················· [　　　　]

27 새해에도 집안에 **祝福**이 가득하기를 빌었다. ·················· [　　　　]

28 그동안 쌓여 온 **感情**이 일시에 폭발하였다. ·················· [　　　　]

29 세계 최고 수준의 **技術**을 자랑하였다. ·················· [　　　　]

30 대부분의 국가에서 올림픽에 **參加** 의사를 밝혔다. ·········· [　　　　]

31 두 사람의 만남을 **必然**이라고 강조하였다. ·················· [　　　　]

32 화학 비료 사용으로 산성화된 토질의 **改良**이 시급하다. ······· [　　　　]

33 군자는 학문을 닦고 **德性**을 길렀다. ·················· [　　　　]

34 조국의 자주 **獨立**을 위해 일생을 바쳤다. ·················· [　　　　]

35 사람들이 정착 생활을 하면서 인류 **歷史**에 농경 시대를 열게 되었다. ·················· [　　　　]

02 다음 漢字의 訓과 音을 쓰세요.   36~58번

| 보기 |
字 → [글자 자]

36 災 [　　　　]   **37** 炭 [　　　　]

38 寫 [　　　　]   **39** 園 [　　　　]

40 最 [　　　　]   **41** 罪 [　　　　]

42 集 [　　　　]   **43** 許 [　　　　]

44 課 [　　　　]   **45** 善 [　　　　]

46 樹 [　　　　]   **47** 鼻 [　　　　]

48 歲 [　　　　]   **49** 曜 [　　　　]

50 省 [　　　　]   **51** 勝 [　　　　]

52 唱 [　　　　]   **53** 觀 [　　　　]

54 序 [　　　　]   **55** 洗 [　　　　]

56 健 [　　　　]   **57** 熱 [　　　　]

58 致 [　　　　]

03 다음 밑줄 친 漢字語를 漢字로 쓰세요.   59~73번

59 상급생이 되어 처음으로 **등교**하는 날이다. ·················· [　　　　]

60 체육 시간에 앞서 몸을 풀어주는 준비 **운동**을 하였다. ······· [　　　　]

61 추수철이 되자 너도나도 **농촌** 일손 돕기
에 나섰다. ············· [   ]

62 바람에 꽃잎이 날려 거리는 **동화** 속 그림 같다.
·································· [   ]

63 그는 **매번** 실패했지만 포기하지 않았다.
·································· [   ]

64 "자연수는 **계산** 순서를 달리 해도 답은
항상 같을까?" ········· [   ]

65 그는 **정직**하고 바르게 살려고 노력했다.
·································· [   ]

66 황사를 막기 위하여 **식목** 사업을 하고 있다.
·································· [   ]

67 오랜만에 만난 **형제**들은 오순도순 이야
기를 나누었다. ······· [   ]

68 가랑비가 **오전** 내내 내렸다.
·································· [   ]

69 그는 평소보다 빨리 약속 **장소**에 나갔다.
·································· [   ]

70 곡예단이 **공중**에서 아슬아슬한 묘기를
선보였다. ············· [   ]

71 학교 폭력 예방을 위한 **교육**을 실시하였다.
·································· [   ]

72 폭설로 **도로**의 차들이 거북이 운행을 하였다.
·································· [   ]

73 자식에 대한 **부모**의 사랑을 무엇으로 갚을
수 있겠는가? ··········· [   ]

04 다음 訓과 音에 맞는 漢字를 쓰세요. 74~78번

74 창 창 [   ] **75** 낮 주 [   ]
76 뜰 정 [   ] **77** 다행 행 [   ]
78 믿을 신 [   ]

05 다음 한자와 뜻이 相對 또는 反對되는 한자를
쓰세요.   79~81번

79 [   ] ↔ 害 **80** 心 ↔ [   ]

81 問 ↔ [   ]

06 다음 [   ]에 들어갈 가장 잘 어울리는 漢字
語를 |보기|에서 찾아 그 번호를 써서 漢字語를
완성하세요.   82~85번

|보기|
① 不變   ② 初聞   ③ 救急   ④ 愛用
⑤ 原因   ⑥ 戰爭   ⑦ 落葉   ⑧ 事業

82 秋風 [   ] : 가을바람에 잎이 떨어짐.

83 今時 [   ] : 이제야 비로소 처음 들음.

84　萬古[　　　] : 오랜 세월 동안 변하지 않음.

85　開發[　　　] : 천연자원을 인간생활에 도움이 되게 하는 일.

07　다음 漢字와 뜻이 같거나 비슷한 漢字를 |보기|에서 찾아 그 번호를 쓰세요.　86~88번

|보기|
① 終 ② 勞 ③ 念 ④ 則 ⑤ 知 ⑥ 通

86　[　　　] － 末　87　規 －[　　　]

88　思 －[　　　]

08　다음 漢字와 音은 같은데 뜻이 다른 漢字를 |보기|에서 두 개씩 찾아 그 번호를 쓰세요.　89~91번

|보기|
① 貴 ② 短 ③ 待 ④ 敬 ⑤ 堂 ⑥ 談
⑦ 景 ⑧ 建 ⑨ 告 ⑩ 苦 ⑪ 界 ⑫ 壇

89　團 : [　　　] , [　　　]

90　輕 : [　　　] , [　　　]

91　固 : [　　　] , [　　　]

09　다음 뜻풀이에 맞는 漢字語를 |보기|에서 찾아 그 번호를 쓰세요.　92~94번

|보기|
① 高名 ② 有名 ③ 他地 ④ 有能 ⑤ 高溫
⑥ 平地 ⑦ 氣力 ⑧ 年長 ⑨ 青草

92　나이가 많음. ………… [　　　]

93　능력이 있음. ………… [　　　]

94　다른 지방이나 지역. … [　　　]

10　다음 漢字의 略字(약자 : 획수를 줄인 漢字)를 쓰세요.　95~97번

95　圖 －[　　　]　96　數 －[　　　]

97　區 －[　　　]

11　다음 漢字의 색이 다른 획은 몇 번째 쓰는지 |보기|에서 찾아 그 번호를 쓰세요.　98~100번

|보기|
① 첫 번째　② 두 번째　③ 세 번째
④ 네 번째　⑤ 다섯 번째　⑥ 여섯 번째
⑦ 일곱 번째　⑧ 여덟 번째　⑨ 아홉 번째

98　平 ………… [　　　]

99　衣 ………… [　　　]

100　北 ………… [　　　]

03회

한자능력검정시험 5급
기출·예상문제

(사) 한국어문회 주관	
합격문항	70문항
시험시간	50분
정답	183쪽

01 다음 漢字語의 讀音을 쓰세요. 01~35번

|보기|

讀音 → [독음]

01 전쟁이 없는 평화로운 세상을 **念願**하였다.
·················· [   ]

02 설날에 할아버지께서 **德談**을 해주셨다.
·················· [   ]

03 운동회에서 **賞品**을 받았다.
·················· [   ]

04 육지 면적의 약 10%가 **氷河**로 덮여 있다.
·················· [   ]

05 오랫동안 저장할 수 있는 방법을 **考案**하였다.
·················· [   ]

06 속도 위반 자동차를 **團束**하였다.
·················· [   ]

07 몇 가지 **要件**을 갖추어야 한다.
·················· [   ]

08 고려 시대 유물을 **展示**하였다.
·················· [   ]

09 온도가 낮아 농작물이 **寒害**를 입었다.
·················· [   ]

10 부부는 자녀 **養育** 문제로 고민하였다.
·················· [   ]

11 노력했으나 **實效**를 거두지 못했다.
·················· [   ]

12 그들은 변치 않는 **友情**을 다짐하였다.
·················· [   ]

13 학교 앞에 **陸橋**를 설치하였다.
·················· [   ]

14 신문에 연재하던 **當初**부터 인기가 높았다.
·················· [   ]

15 자신의 역할을 완벽하게 **消化**해 냈다.
·················· [   ]

16 태풍 때문에 **漁船**들이 항구에 모여 있다.
·················· [   ]

17 문예 창작 대회에서 **落選**하였다.
·················· [   ]

18 축가를 **獨唱**하였다.
·················· [   ]

19 그의 옷차림은 매우 **洗練**되어 보였다.
·················· [   ]

20 오랑캐의 침략으로 **首都**를 옮겼다.
·················· [   ]

21 열악한 현실을 **打開**하기 위해 노력하였다.

                         [   ]

22 소금물이 담긴 증발 접시를 **加熱**하였다.

                         [   ]

23 학교 **賣店**을 협동조합으로 운영하였다.

                         [   ]

24 씨앗은 싹이 틀 때 서로 **競爭**을 피하기 위해 멀리까지 퍼지려고 한다.

                         [   ]

25 서두는 **完結**된 글에서 글의 시작을 뜻한다.

                         [   ]

26 수달은 후각으로 물고기나 천적 등을 **感知**한다.   [   ]

27 주변에 시냇물이 흐르고 있어 **景觀**이 빼어나다.   [   ]

28 나쁜 습관이 **固着**되어 좀처럼 고치기 어렵다.

                         [   ]

29 합격증 **寫本**을 제출하였다.

                         [   ]

30 수요가 공급보다 많으면 **價格**이 올라간다.

                         [   ]

31 낡은 **敎卓** 옆에 작은 풍금이 놓여 있다.

                         [   ]

32 그는 **過勞**로 건강을 해쳤다.

                         [   ]

33 그들 때문에 **善良**한 사람들이 피해를 입었다.

                         [   ]

34 우리나라가 **最終** 후보에 올랐다.

                         [   ]

35 몇 가지 **原則**을 정하였다.

                         [   ]

02 다음 漢字의 訓과 音을 쓰세요.   36~58번

36 汽 [   ]   37 鐵 [   ]

38 旅 [   ]   39 赤 [   ]

40 止 [   ]   41 貴 [   ]

42 亡 [   ]   43 朗 [   ]

44 兵 [   ]   45 葉 [   ]

46 祝 [   ]   47 仙 [   ]

48 屋 [   ]   49 貯 [   ]

50 己 [   ]   51 典 [   ]

52 黑 [   ]   53 規 [   ]

54 島 [   ]   55 局 [   ]

56 雄 [   ]   57 充 [   ]

58 炭 [   ]

03 다음 밑줄 친 漢字語를 漢字로 쓰세요.
59~73번

59 강당에서 **합반** 수업을 하였다.
.... [   ]

60 최종 메달 **집계** 3위를 기록하였다.
.... [   ]

61 차별 없이 **동등**하게 대우하였다.
.... [   ]

62 자손들이 **분가**하여 마을을 이루었다.
.... [   ]

63 휴게소에서 차량에 **주유**를 하였다.
.... [   ]

64 이번 경기에서 우리는 **승산**이 있다.
.... [   ]

65 국제대회 성적이 **향상**되었다.
.... [   ]

66 어려서부터 책을 좋아하여 **다독**하였다.
.... [   ]

67 죽지랑은 신라시대 화랑 **출신**의 명장이다.
.... [   ]

68 고향 **방면**으로 차들이 밀려있다.
.... [   ]

69 사소한 **실수**로 큰일을 망칠 수 있다.
.... [   ]

70 장사는 **신용**이 생명이라고 한다.
.... [   ]

71 비둘기는 안정, 평안, **화평**을 상징한다.
.... [   ]

72 그는 홀어머니를 극진히 모셔 **효자**로 알려졌다. .... [   ]

73 반짝반짝 빛나는 파도와 **석양**을 보고 감탄하였다. .... [   ]

04 다음 訓과 音에 맞는 漢字를 쓰세요. 74~78번

74 머리 두 [   ]   75 아침 조 [   ]

76 빠를 속 [   ]   77 클   태 [   ]

78 새   신 [   ]

05 다음 한자와 뜻이 相對 또는 反對되는 한자를 쓰세요.
79~81번

79 [   ] ↔ 無   80 [   ] ↔ 敗

81 因 ↔ [   ]

06 다음 [   ]에 들어갈 가장 적절한 漢字語를 |보기|에서 찾아 그 번호를 써서 漢字語를 만드세요.
82~85번

			보기
① 所聞	② 東風	③ 期約	④ 工商
⑤ 一致	⑥ 生心	⑦ 世界	⑧ 百倍

82 馬耳 [   ] : 남의 말을 귀담아 듣지 않고 흘려버림.

83 見物 [   ] : 물건을 보면 욕심이 생김.

84 勇氣 [   ] : 격려나 응원 따위에 자극을 받아 힘이나 용기를 더 냄.

85 士農[　　　] : 예전에 백성을 나누던 네 가지 계급으로 선비, 농부, 공장(工匠), 상인을 이르던 말.

07 다음 漢字와 뜻이 같거나 비슷한 漢字를 |보기|에서 찾아 그 번호를 쓰세요. 86~88번

|보기|
① 重 ② 凶 ③ 術 ④ 吉 ⑤ 變 ⑥ 通

86 技 − [　　　]　**87** 改 − [　　　]

88 [　　　] − 惡

08 다음 漢字와 흡은 같으나 뜻이 다른 漢字를 |보기|에서 두 개씩 찾아 그 번호를 쓰세요. 89~91번

|보기|
① 舊 ② 輕 ③ 比 ④ 告 ⑤ 關 ⑥ 偉
⑦ 利 ⑧ 鼻 ⑨ 式 ⑩ 筆 ⑪ 救 ⑫ 京

89 敬 : [　　　], [　　　]

90 費 : [　　　], [　　　]

91 具 : [　　　], [　　　]

09 다음 뜻풀이에 맞는 漢字語를 |보기|에서 찾아 그 번호를 쓰세요. 92~94번

|보기|
① 高祖 ② 全史 ③ 晝間 ④ 無害 ⑤ 戰史
⑥ 傳來 ⑦ 高操 ⑧ 前事 ⑨ 主間

92 해로움이 없음. ……… [　　　]

93 전하여 내려 옴. ……[　　　]

94 모든 분야를 포괄하는 전체의 역사. …………………………… [　　　]

10 다음 漢字의 略字(약자 : 획수를 줄인 漢字)를 쓰세요. 95~97번

95 區 − [　　　]　**96** 藥 − [　　　]

97 號 − [　　　]

11 다음 漢字의 색이 다른 획은 몇 번째 쓰는지 |보기|에서 찾아 그 번호를 쓰세요. 98~100번

|보기|
① 첫 번째 ② 두 번째 ③ 세 번째 ④ 네 번째
⑤ 다섯 번째 ⑥ 여섯 번째 ⑦ 일곱 번째
⑧ 여덟 번째 ⑨ 아홉 번째 ⑩ 열 번째

98 理 ………… [　　　]

99 部 ………… [　　　]

100 軍 ………… [　　　]

01 다음 漢字語의 讀音을 쓰세요. 01~35번

01 올림픽 사상 **最高**의 성적을 거두었다.
.... [   ]

02 중고 **書店**에 들러 책을 몇 권 샀다.
.... [   ]

03 강물은 천년 **歲月**을 흐르고 있다.
.... [   ]

04 외국 **商船**이 조난 신고를 보내왔다.
.... [   ]

05 다양한 **觀光** 상품을 개발하였다.
.... [   ]

06 성장기 **兒童**들의 올바른 식습관이 필요하다.
.... [   ]

07 대한제국 **末期** 의병 항쟁으로 이름을 떨쳤다.
.... [   ]

08 주민들의 오랜 **宿願** 사업이 해결되었다.
.... [   ]

09 신속한 **救急**조치를 취하였다.
.... [   ]

10 축제에도 참여하여 한층 즐거운 **旅情**이
되었다. .... [   ]

11 사회단체에서 **災害** 피해 복구를 지원하였다.
.... [   ]

12 약은 전문가와 **相談** 후에 복용해야 한다.
.... [   ]

13 부모님께서 사시던 **舊屋**을 수리하기로 하였다.
.... [   ]

14 국내외 남녀노소 누구나 **參加**할 수 있다.
.... [   ]

15 그는 **過去**의 어느 날을 떠올렸다.
.... [   ]

16 보호 어종은 **許可** 없이 잡지 못한다.
.... [   ]

17 한적한 곳에 농산물 **都賣** 시장이 들어섰다.
.... [   ]

18 중단된 **建立** 계획이 재개되었다.
.... [   ]

19 암석이 열과 압력을 받아 **性質**이 변하였다.
.... [   ]

20 반평생 유랑을 마치고 **本宅**으로 돌아왔다.
.... [   ]

21 미래의 **成功**을 위하여 현재의 어려움을
이겨내야 한다. .... [   ]

22 그에 대한 관심이 **始終** 한결같았다.

·· [　 　]

23 갑자기 **惡寒**이 들더니 안색이 변하였다.

·· [　 　]

24 정전이 되어서 문을 수동으로 **操作**했다.

·· [　 　]

25 노동자들에 대한 **不當**한 대우를 개선했다.

·· [　 　]

26 성격이 **溫順**한 편이고 겁이 많다.

·· [　 　]

27 가는 길에 **祝福**이 있기를 빌었다.

·· [　 　]

28 풍물을 치며 제각기 **必勝**을 다짐하였다.

·· [　 　]

29 사람들로부터 **英雄** 대접을 받았다.

·· [　 　]

30 때로는 타이르고 때로는 **責望**을 하였다.

·· [　 　]

31 주요 강들을 연결하는 **運河**를 건설하였다.

·· [　 　]

32 그들은 작품을 통해 사회 문제를 **告發**했다.

·· [　 　]

33 창의적인 **思考** 능력을 계발하였다.

·· [　 　]

34 목표를 달성하는 데에 **失敗**하였다.

·· [　 　]

35 골키퍼를 방해해서 골의 **無效**를 선언했다.

·· [　 　]

02 다음 漢字의 訓과 音을 쓰세요. 　 36~58번

36 序 [　 　] 37 固 [　 　]

38 湖 [　 　] 39 給 [　 　]

40 輕 [　 　] 41 德 [　 　]

42 變 [　 　] 43 億 [　 　]

44 省 [　 　] 45 淸 [　 　]

46 價 [　 　] 47 規 [　 　]

48 院 [　 　] 49 熱 [　 　]

50 領 [　 　] 51 寫 [　 　]

52 曜 [　 　] 53 充 [　 　]

54 念 [　 　] 55 待 [　 　]

56 査 [　 　] 57 信 [　 　]

58 卓 [　 　]

03 다음 밑줄 친 漢字語를 漢字로 쓰세요.

59~73번

59 동생의 손을 잡고 **교문**을 나섰다.

·· [　 　]

60 어린이 **교통** 안전 교육을 실시하였다.

·· [　 　]

61 잘못 **계산**하여 두 문제를 틀렸다.

　　⋯⋯⋯⋯⋯⋯⋯⋯ [　　　　　]

62 바람이 세더니 **오전**에 비가 내렸다.

　　⋯⋯⋯⋯⋯⋯⋯⋯ [　　　　　]

63 시인은 **농촌**의 삶을 서정적으로 노래하였다.

　　⋯⋯⋯⋯⋯⋯⋯⋯ [　　　　　]

64 동네 사람들이 **식목** 작업에 나섰다.

　　⋯⋯⋯⋯⋯⋯⋯⋯ [　　　　　]

65 여러 **각도**에서 사진을 찍었다.

　　⋯⋯⋯⋯⋯⋯⋯⋯ [　　　　　]

66 섬에는 구불구불한 곡선 **도로**가 많았다.

　　⋯⋯⋯⋯⋯⋯⋯⋯ [　　　　　]

67 시험지에 **성명**을 한자로 기입하였다.

　　⋯⋯⋯⋯⋯⋯⋯⋯ [　　　　　]

68 그는 가난했지만 **정직**하게 생활하였다.

　　⋯⋯⋯⋯⋯⋯⋯⋯ [　　　　　]

69 둘이는 친하면서도 거의 **매일** 아옹다옹한다.

　　⋯⋯⋯⋯⋯⋯⋯⋯ [　　　　　]

70 인간은 **자연** 속에서 많은 혜택을 받으며 살아간다. ⋯⋯⋯⋯⋯ [　　　　　]

71 새 시대의 **주인**이 될 능력 있는 어린이.

　　⋯⋯⋯⋯⋯⋯⋯⋯ [　　　　　]

72 곰이 **방심**한 틈을 타서 나무꾼은 몰래 빠져나왔다. ⋯⋯⋯⋯⋯ [　　　　　]

73 후세에 이름을 남겨 **부모**를 영광되게 하였다.

　　⋯⋯⋯⋯⋯⋯⋯⋯ [　　　　　]

04 다음 訓과 音에 맞는 漢字를 쓰세요. 74~78번

74 집 　당 [　　] 75 뿌리 근 [　　　]

76 누를 황 [　　] 77 떼 　부 [　　　]

78 옷 　복 [　　]

05 다음 한자와 뜻이 相對 또는 反對되는 한자를 쓰세요. 　　　79~81번

79 [　　　　] ↔ 樂 80 兄 ↔ [　　　]

81 [　　　　] ↔ 夕

06 다음 [　　]에 들어갈 가장 잘 어울리는 漢字語를 찾아 그 번호를 쓰세요. 82~85번

　　　　　　　　　　　　　　　　| 보기 |
① 技術　　② 銀行　　③ 團結　　④ 患者
⑤ 致知　　⑥ 多幸　　⑦ 比重　　⑧ 孝親

82 千萬 [　　　] : 잘되어 매우 좋음.

83 格物 [　　　] : 사물의 이치를 연구하여 자기의 지식을 확고하게 함.

84 敬老 [　　　] : 노인공경과 부모에 효도.

85 勞使 [　　　] : 노동자와 사용자가 뭉침.

07 다음 漢字와 뜻이 같거나 비슷한 漢字를 |보기|에서 찾아 그 번호를 쓰세요.   86~88번

|보기|
① 章 ② 實 ③ 爭 ④ 美 ⑤ 卒 ⑥ 炭

86 果 − [   ]   **87** 競 − [   ]

88 兵 − [   ]

08 다음 漢字와 음은 같은데 뜻이 다른 漢字를 |보기|에서 두 개씩 찾아 그 번호를 쓰세요.   89~91번

|보기|
① 的 ② 雨 ③ 史 ④ 再 ⑤ 板 ⑥ 件
⑦ 鮮 ⑧ 産 ⑨ 在 ⑩ 牛 ⑪ 浴 ⑫ 仙

89 財 : [   ], [   ]

90 友 : [   ], [   ]

91 選 : [   ], [   ]

09 다음 뜻풀이에 맞는 漢字語를 |보기|에서 찾아 그 번호를 쓰세요.   92~94번

|보기|
① 敎養 ② 歷任 ③ 識見 ④ 敎室 ⑤ 週間
⑥ 漁具 ⑦ 案內 ⑧ 獨學 ⑨ 調和

92 가르쳐 기름. ·········· [   ]

93 고르게 잘 어울림. ··· [   ]

94 월요일부터 일요일까지 한 주일 동안. ···························· [   ]

10 다음 漢字의 略字(약자 : 획수를 줄인 漢字)를 쓰세요.   95~97번

95 醫 − [   ]   **96** 戰 − [   ]

97 國 − [   ]

11 다음 漢字의 색이 다른 획은 몇 번째 쓰는지 |보기|에서 찾아 그 번호를 쓰세요.   98~100번

|보기|
① 첫 번째 ② 두 번째 ③ 세 번째 ④ 네 번째
⑤ 다섯 번째   ⑥ 여섯 번째   ⑦ 일곱 번째
⑧ 여덟 번째   ⑨ 아홉 번째   ⑩ 열 번째

98 風 ············ [   ]

99 別 ············ [   ]

100 形 ············ [   ]

05회 한자능력검정시험 **5**급
기출·예상문제

(사) **한국어문회** 주관	
합격문항	70문항
시험시간	50분
정 답	186쪽

01 다음 漢字語의 讀音을 쓰세요. 01~35번

01 동물도 사람처럼 여러 **感情**이 있다.
.... [   ]

02 강가를 따라 **村落**이 형성되어 있다.
.... [   ]

03 뛰어난 상술로 **財産**을 늘렸다.
.... [   ]

04 학교 **卒業** 후에 일을 시작하였다.
.... [   ]

05 기술 **改良**은 공업의 발전을 가져왔다.
.... [   ]

06 그의 **卓見**에 감탄했다.
.... [   ]

07 우리 민족의 **歷史**에 대한 관심이 높다.
.... [   ]

08 국내에서는 거의 **類例**를 찾아볼 수 없는
유물이다. .... [   ]

09 공원에는 다양한 **野生** 동식물이 살고 있다.
.... [   ]

10 앞바다에 떠 있는 크고 작은 섬들로 **景致**
가 좋다. .... [   ]

11 강가의 **氷板**에 구멍을 내어 낚시를 하였다.
.... [   ]

12 독립신문은 한글로 발간한 **最初**의 신문이다.
.... [   ]

13 인터넷 **廣告** 시장이 확대되고 있다.
.... [   ]

14 비행기는 **到着** 예정 시간을 넘겼다.
.... [   ]

15 교통 사고 환자를 급히 **病院**으로 옮겼다.
.... [   ]

16 이별의 슬픔을 **曲切**히 표현하였다.
.... [   ]

17 반칙 행위를 한 선수는 **失格**으로 처리된다.
.... [   ]

18 주인으로부터 심한 **冷待**를 받고 있었다.
.... [   ]

19 시장 상인들이 **有料** 주차장을 운영하였다.
.... [   ]

20 항구와 도시 성벽을 **再建**하였다.
.... [   ]

21 여성스러움과 **品位**를 강조한 옷을 만들었다.
.... [   ]

22 수비수의 실책으로 **安打**가 되었다.
.... [   ]

23 그는 무대에서 온 힘을 다하여 **熱唱**하였다.
.... [   ]

24 알로에는 화상에 바르면 **特效**가 있다.
.... [   ]

25 튼튼한 몸과 마음으로 **明朗**하게 활동하
는 어린이. .... [   ]

26 피난계단을 **屋外**에 설치하였다.
.... [   ]

27 승무원은 승객들의 안전을 **責任**진다는 의식
을 갖고 행동하였다. [   ]

28 재해 지역에서는 안전에 대한 주의가 **要
望**된다. .... [   ]

29 일시적으로 열차 운행을 **停止**하였다.
.... [   ]

30 약간의 사전 **知識**을 가지고 둘러본다면
더욱 좋을 것이다. ·· [   ]

31 가격은 비싸지만 **性能**이 뛰어나다.
.... [   ]

32 공연이 끝난 후 출연진들은 **觀客**의 박수
에 답하였다. .... [   ]

33 지역의 차이를 뛰어넘어 **團結**을 강조하였다.
.... [   ]

34 매달 학력 평가 **考査**를 치른다.
.... [   ]

35 모형비행기를 **無線**으로 조종하였다.
.... [   ]

02 다음 漢字의 訓과 音을 쓰세요. 36~58번

| 보기 |
字 → [글자 자]

36 流 [   ]   37 寒 [   ]

38 患 [   ]   39 健 [   ]

40 關 [   ]   41 基 [   ]

42 勞 [   ]   43 終 [   ]

44 約 [   ]   45 爭 [   ]

46 種 [   ]   47 鼻 [   ]

48 罪 [   ]   49 綠 [   ]

50 典 [   ]   51 救 [   ]

52 操 [   ]   53 筆 [   ]

54 朝 [   ]   55 貴 [   ]

56 擧 [   ]   57 黑 [   ]

58 偉 [   ]

03 다음 밑줄 친 漢字語를 漢字로 쓰세요.

59~73번

59 추위에 언 **수족**을 따뜻한 물에 씻어주었다.

·· [   ]

60 주말마다 봉사**활동**을 하였다.

·· [   ]

61 겨울이 되자 **내년**의 농사 계획을 세웠다.

·· [   ]

62 유리 온실 안은 바깥보다 **온도**가 높다.

·· [   ]

63 익살스러운 표정이 **친근**하게 느껴졌다.

·· [   ]

64 환경오염 때문에 **지구**가 뜨거워지고 있다.

·· [   ]

65 스포츠를 통한 **화합**을 강조하였다.

·· [   ]

66 약속 **시간**보다 일찍 도착했다.

·· [   ]

67 오랜만에 **초목**을 적시는 단비가 내렸다.

·· [   ]

68 판소리는 사람의 **장단**에 맞추어 펼치는
음악극이다. ············· [   ]

69 기차역이 연결되어 교통이 **편리**하다.

·· [   ]

70 썰물이 되자 **서풍**이 불어옵니다.

·· [   ]

71 수업 전에 **출석**을 확인합니다.

·· [   ]

72 궁도는 남녀**노소** 누구나 즐길 수 있다.

·· [   ]

73 **주민**들의 의견을 듣고 안건을 결정하였다.

·· [   ]

04 다음 訓과 音에 맞는 漢字를 쓰세요. 74~78번

74 귀신 신 [   ]   **75** 기름 유 [   ]

76 뿌리 근 [   ]   **77** 이길 승 [   ]

78 뜰 정 [   ]

05 다음 한자와 뜻이 相對 또는 反對되는 한자를
쓰세요.   79~81번

79 問 ↔ [   ]   **80** [   ] ↔ 舊

81 大 ↔ [   ]

06 다음 [   ]에 들어갈 가장 적절한 漢字語를
|보기|에서 찾아 그 번호를 써서 漢字語를
만드세요.   82~85번

|보기|

① 三日   ② 亡身   ③ 勇氣   ④ 不變
⑤ 部分   ⑥ 愛人   ⑦ 春秋   ⑧ 通行

82 萬古 [   ] : 오랫동안 변하지 않음.

83 作心 [   ] : 결심이 오래 가지 못함.

84 敗家[　　　]: 전 재산을 다 써 없애고 몸을 망침.

85 敬天[　　　]: 하늘을 공경하고 사람을 사랑함.

07 다음 漢字와 뜻이 같거나 비슷한 漢字를 |보기|에서 찾아 그 번호를 쓰세요.　86~88번

|보기|
① 充 ② 急 ③ 規 ④ 的 ⑤ 話 ⑥ 末

86 [　　　] － 則　87 談 － [　　　]

88 [　　　] － 速

08 다음 漢字와 音은 같으나 뜻이 다른 漢字를 |보기|에서 두 개씩 찾아 그 번호를 쓰세요.　89~91번

|보기|
① 災 ② 樹 ③ 社 ④ 書 ⑤ 傳 ⑥ 赤
⑦ 思 ⑧ 雪 ⑨ 場 ⑩ 陽 ⑪ 戰 ⑫ 養

89 展 : [　　　], [　　　]

90 寫 : [　　　], [　　　]

91 洋 : [　　　], [　　　]

09 다음 漢字語의 뜻을 풀이 하세요.　92~94번

92 給水 : [　　　]

93 共同 : [　　　]

94 高調 : [　　　]

10 다음 漢字의 略字(약자 : 획수를 줄인 漢字)를 쓰세요.
95~97번

95 發 － [　　　]　96 學 － [　　　]

97 畫 － [　　　]

11 다음 漢字의 색이 다른 획은 몇 번째 쓰는지 |보기|에서 찾아 그 번호를 쓰세요.　98~100번

|보기|
① 첫 번째 ② 두 번째 ③ 세 번째 ④ 네 번째
⑤ 다섯 번째 ⑥ 여섯 번째 ⑦ 일곱 번째
⑧ 여덟 번째 ⑨ 아홉 번째 ⑩ 열 번째

98 交 ············ [　　　]

99 食 ············ [　　　]

100 成 ············ [　　　]

(사) 한국어문회 주관

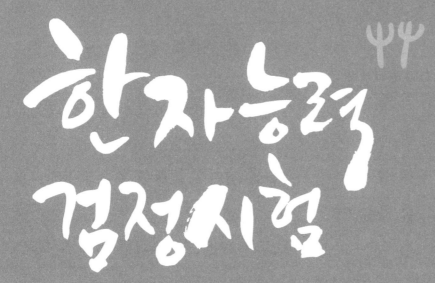

한자능력 검정시험

정답 및 해설 5급

▷ 예상문제 1회 ～ 15회

▷ 기출·예상문제 1회 ～ 5회

해설

01	고대	02	교구	03	광고	04	호도
05	대화	06	귀중	07	염두	08	전철
09	영웅	10	급료	11	구식	12	양산
13	조작	14	경유	15	연습	16	선실
17	전시	18	불허	19	신선	20	배수
21	장고	22	참석	23	특기	24	곡조
25	집중	26	건립	27	숙원	28	미술
29	경품	30	이치	31	선임	32	종류
33	애상	34	사옥	35	도매	36	단 단
37	맺을 결	38	사이 간	39	집 당	40	하여금 사
41	얼음 빙	42	거느릴 령	43	다툴 쟁	44	널 판
45	사기 사	46	굳셀 건	47	가장 최	48	나눌 반
49	잎 엽	50	살 매	51	셈 산	52	이를 도
53	흐를 류	54	머무를 정	55	둥글 단	56	말씀 담
57	복 복	58	해할 해	59	氣色	60	強力
61	面目	62	市民	63	時計	64	外家
65	本文	66	人工	67	出現	68	區別
69	弱體	70	公園	71	圖書	72	道路
73	事由	74	童	75	和	76	歌
77	族	78	在	79	白	80	心
81	勝	82	②	83	⑧	84	③
85	⑥	86	⑥	87	④	88	②
89	⑥	90	①	91	③		
92	(벗 사이에) 좋은 일을 하도록 서로 권함	93	(실물이나 경치를) 있는 그대로 그림				
94	자기와 남	95	号	96	楽	97	会
98	④	99	⑧	100	④		

01 苦待(고대)▸(쓸 고)(기다릴 대) : 몹시 기다림.
→ 여기에서 '苦'자는 '괴로움'을 뜻합니다.

04 湖島(호도)▸(호수 호)(섬 도)
: 호수 가운데 있는 섬.

06 貴重(귀중)▸(귀할 귀)(무거울 중)
: 귀하고 중요함.
→ 여기에서 '重'자는 '중요함'을 뜻합니다.

07 念頭(염두)▸(생각 념)(머리 두) : 생각. 마음속.
→ '念'자의 본음은 '념'이나 여기에서는 두음법칙에 의해 '염'으로 적습니다.

12 量産(양산)▸(헤아릴 량)(낳을 산)
: 많이 만들어 냄. 대량생산(大量生産).
→ '量'자의 본음은 '량'이나 여기에서는 두음법칙에 의해 '양'으로 읽고 적습니다.

18 不許(불허)▸(아닐 불)(허락할 허)
: 허락하지 아니함.

21 長考(장고)▸(긴 장)(생각할 고)
: 오랫동안 깊이 생각함.

24 曲調(곡조)▸(굽을 곡)(고를 조)
: 음악이나 가사 등의 노랫가락을 세는 단위.

27 宿願(숙원)▸(잘 숙)(원할 원)
: 오래전부터 바라던 소원. '숙념(宿念)'이라고도 합니다.

29 景品(경품)▶(볕　경)(물건 품)
: ① 일정한 액수 이상의 상품을 사는 손님에게 곁들여 거저 주는 물건. ② 모임에 참가한 사람에게 제비를 뽑거나 하여 선물로 주는 물건.

30 理致(이치)▶(다스릴 리)(이를 치)
: 사물의 정당한 조리 또는 도리에 맞는 근본 뜻.
→ '理'자의 본음은 '리'이나 여기에서는 두음법칙에 의해 '이'로 읽고 적습니다.

33 愛賞(애상)▶(사랑 애)(상줄 상)
: 풍경이나 예술 작품 따위를 즐기며 칭찬함.

34 社屋(사옥)▶(모일 사)(집　옥)
: 회사가 있는 건물.
→ 여기에서 '社'자는 '회사(會社)'를 뜻합니다.

41 '氷(얼음 빙)'자와 '冰'자는 쓰임이 같은 이체자입니다.

61 面目(면목)▶(낯　면)(눈　목)
: 얼굴의 생김새. 낯. 체면.

66 人工衛星(인공위성)
▶(사람 인)(장인 공)(지킬 위)(별　성)
: 사람이 쏘아 올려 지구 따위의 행성 둘레를 돌게 하고 있는 물체.
→ 여기에서 '人工'은 '사람의 힘으로 가공하거나 작용을 하는 일'을 이르는 말입니다.

73 事由(사유)▶(일　사)(말미암을 유) : 일의 까닭.
→ 여기에서 '由'자는 '이유(理由)'를 뜻합니다.

98 番(차례 번 : 총12획)
▶ ノ 丶 丷 爫 平 采 来 番 番 番 番 番

99 植(심을 식 : 총12획)
▶ 一 十 才 才 札 柿 柿 柿 植 植 植 植

100 雪(눈　설 : 총11획)
▶ 一 ⺮ 一 一 平 雨 雨 雪 雪 雪 雪

01	특기	02	분류	03	부당	04	필사
05	위업	06	죄질	07	구색	08	재고
09	냉해	10	약국	11	상선	12	행복
13	환자	14	설명	15	중건	16	빙하
17	화단	18	세례	19	정경	20	경쟁
21	촌락	22	조회	23	고발	24	병졸
25	조사	26	책망	27	규격	28	단속
29	친구	30	덕성	31	완전	32	기금
33	요일	34	가공	35	영애	36	물끓는김 기
37	씨 종	38	더울 열	39	가벼울 경	40	높을 탁
41	받들 봉	42	싸움 전	43	이를 치	44	이름 호
45	들 야	46	책상 안	47	가릴 선	48	쓸 비
49	가장 최	50	쇠 철	51	말씀 담	52	값 가
53	기록할 기	54	공부할 과	55	곱 배	56	붉을 적
57	거느릴 령	58	뭍 륙	59	速度	60	新聞
61	勝利	62	夏服	63	植物	64	正答
65	童心	66	母川	67	敎訓	68	後孫
69	庭園	70	主題	71	注意	72	邑內
73	夕陽	74	習	75	理	76	少
77	集	78	半	79	本	80	果
81	使	82	⑧	83	②	84	⑥
85	③	86	⑤	87	①	88	③
89	⑤	90	④	91	①		
92	사회 공중에 대한 약속	93	날 때부터 타고난 운명		
94	물고기를 길러 번식시킴	95	學	96	画		
97	読	98	①	99	⑧	100	⑤

해설

03 不當(부당)▶(아닐 불)(마땅 당)
: 이치에 맞지 아니함.
→ '不'자는 쓰임에 따라 발음이 달라지는 글자입니다. '不'자 뒤에 오는 말이 'ㄷ'이나 'ㅈ'으로 시작하면 '不'자는 '부'로 읽습니다.

04 筆寫(필사)▶(붓 필)(베낄 사) : 베껴 씀.

06 罪質(죄질)▶(허물 죄)(바탕 질)
: 범죄의 기본적인 성질.

09 冷害(냉해)▶(찰 랭)(해할 해)
: 여름철의 이상 저온(異常低溫)이나 일조량(日照量) 부족으로 생기는 농작물의 피해.
→ '冷'자의 본음은 '랭'이나 여기에서는 두음법칙에 의해 '냉'으로 읽고 적습니다.

11 商船(상선)▶(장사 상)(배 선)
: (여객선·화물선 따위로) 상업을 위해 삯을 받고 사람이나 짐을 나르는 데에 쓰는 배.

15 重建(중건)▶(무거울 중)(세울 건)
: 절이나 왕궁 따위를 손질하거나 고쳐 지음.
→ 여기에서 '重'자는 '거듭'을 뜻합니다.

19 情景(정경)▶(뜻 정)(볕 경)
: 정서를 자아내는 경치나 장면.

20 競爭(경쟁)▶(다툴 경)(다툴 쟁)
: 서로 이기거나 앞서려고 겨룸.
→ 서로 뜻이 비슷한 한자로 결합된 한자어입니다.

21 村落(촌락)▶(마을 촌)(떨어질 락) : 마을.
→ 서로 뜻이 비슷한 한자로 결합된 한자어입니다. 여기에서 '落'자는 '마을, 부락(部落)' 등을 뜻합니다.

24 兵卒(병졸)▶(병사 병)(마칠 졸) : 군사(軍士).
→ 서로 뜻이 비슷한 한자로 결합된 한자어입니다. 여기에서 '卒'자는 '군사'를 뜻합니다.

28 團束(단속)▶(둥글 단)(묶을 속)
: 주의를 기울여 단단히 다잡거나 보살핌.

34 加工(가공)▶(더할 가)(장인 공)
: 원자재나 반제품에 손을 더 대어 새로운 제품을 만드는 일.

35 令愛(영애)▶(하여금 령)(사랑 애)
: 남을 높이어 그의 '딸'을 일컫는 말.
→ '令'자의 본음은 '령'이나 여기에서는 두음법칙에 의해 '영'으로 읽고 적습니다.

47 '選(가릴 선)'자의 '가릴'은 '가리다'는 말로, '여럿 가운데서 하나를 구별하여 고르는 것'을 뜻합니다.

58 '陸(뭍 륙)'자의 '뭍'은 '지구의 표면에서 바다를 뺀 나머지 부분'을 뜻합니다.

66 母川(모천)▶(어미 모)(내 천)
: 송어나 연어가 바다에서 거슬러 올라와 알을 낳거나 바다로 내려갈 때까지 자란 하천.

80 因果(인과)▶(인할 인)(실과 과)
: 원인(原因)과 결과(結果).

81 勞使(노사)▶(일할 로)(하여금 사)
: 노동자(勞動者)와 사용자(使用者).
→ '사용자'는 '사람을 부리거나 물건을 쓰고, 그것에 대한 보수를 지급하는 사람'을 뜻합니다.

98 民(백성 민 : 총 5획)
▶ ㄱㄱㄹㅌ民

99 郡(고을 군 : 총10획)
▶ ㄱㄱㄱ尹尹君君君君郡

100 足(발 족 : 총 7획)
▶ ㄱㄱㄹㄹ足足足

01	교탁	02	상품	03	석탄	04	육교
05	체조	06	역사	07	공감	08	구습
09	신념	10	열망	11	차비	12	종류
13	재건	14	단결	15	축복	16	재학
17	저금	18	비등	19	우정	20	죄악
21	주말	22	곡절	23	황엽	24	음료
25	성능	26	도서	27	조사	28	완승
29	결산	30	덕담	31	실질	32	문책
33	당연	34	급유	35	봉양	36	익힐 련
37	원할 원	38	창 창	39	호수 호	40	코 비
41	떨어질 락	42	씻을 세	43	붉을 적	44	골 동
45	공경 경	46	찰 한	47	장사 상	48	마디 촌
49	베낄 사	50	재앙 재	51	신선 선	52	머리 수
53	그림 화	54	팔 매	55	신하 신	56	패할 패
57	일 사	58	열 개	59	育英	60	合計
61	新式	62	弟子	63	出席	64	直線
65	食口	66	風聞	67	親分	68	電話
69	一行	70	草木	71	全科	72	短文
73	集會	74	度	75	通	76	勇
77	題	78	弱	79	溫	80	死
81	主	82	⑧	83	⑥	84	①
85	④	86	⑥	87	④	88	①
89	②	90	④	91	⑥	92	사라져 없어짐
93	아껴 씀	94	뜻밖	95	対		
96	気	97	来	98	④	99	⑤
100	②						

해설

04 陸橋(육교)▶(뭍 륙)(다리 교)
: 번잡한 도로나 철로 위에 사람들이 안전하게 건너다닐 수 있도록 공중으로 가로질러 놓은 다리.
→ '陸(뭍 륙)'자의 '뭍'은 '지구의 표면에서 바다를 뺀 나머지 부분'을 뜻합니다.

06 歷史(역사)▶(지날 력)(사기 사)
: 인류 사회의 변천과 흥망의 과정, 또는 그 기록.
→ '史(사기 사)'자의 '사기(史記)'는 '역사적 사실을 기록한 책'을 뜻합니다.

08 舊習(구습)▶(예 구)(익힐 습)
: 예전부터 전해 내려오는 낡은 풍습(風習).

10 熱望(열망)▶(더울 열)(바랄 망) : 간절히 바람.

11 車費(차비)▶(수레 차)(쓸 비)
: 찻삯. 차를 타는 데에 드는 비용.
→ '車'자는 쓰임에 따라 '차', 또는 '거'로 읽고 적습니다.

16 在學(재학)▶(있을 재)(배울 학)
: 학교에 학적(學籍)을 두고 공부하고 있음.

18 比等(비등)▶(견줄 비)(무리 등)
: 견주어 볼 때 서로 비슷함.

20 罪惡(죄악)▶(허물 죄)(악할 악)
: 죄가 될 만한 나쁜 짓.
→ '惡'자는 뜻에 따라 발음이 달라지는 글자입니다. 참 惡(악할 악, 미워할 오)

21 週末(주말)▶(주일 주)(끝 말)
: 주로, 토요일부터 일요일까지, 한 주일의 끝 무렵.
→ '末'자는 '未(아닐 미)'자와 혼동하기 쉬운 글자입니다.

22 曲切(곡절)▶(굽을 곡)(끊을 절) : ① 매우 정성스러움. ② 매우 자세하고 간곡함. 곡진(曲盡)하다.
→ '切'자는 뜻에 따라 발음이 달라지는 글자입니다. 참 切(끊을 절, 온통 체)

28 完勝(완승)▶(완전할 완)(이길 승)
: 여유 있는 점수 차이로, 완전하게 이김.

31 實質(실질)▶(열매 실)(바탕 질)
: 실제로 있는 본바탕.

32 問責(문책)▶(물을 문)(꾸짖을 책)
: 일의 책임이나 잘못을 캐묻고 꾸짖음.

34 給油(급유)▶(줄 급)(기름 유)
: 자동차·비행기 따위에 연료를 공급(供給)함.

43 '赤(붉을 적)'자는 '亦(또 역)'자와 모양이 비슷하여 혼동하기 쉬운 글자입니다.

53 '畫(그림 화)'자와 '畵'자는 쓰임이 같으나 '畫'자가 정자(正字)이고, '畵'자는 속자(俗字)입니다.

59 育英(육영)▶(기를 육)(꽃부리 영)
: '영재(英才)를 가르쳐 기른다.'는 뜻에서 '교육'을 이르는 말.

66 風聞(풍문)▶(바람 풍)(들을 문)
: 바람처럼 떠도는 소문(所聞).

79 溫冷(온랭)▶(따뜻할 온)(찰 랭)
: 따뜻한 기운과 찬 기운.
→ '冷'자와 서로 뜻이 상대되는 한자는 '溫'자 이외에 '熱(더울 열)'자도 있으나 '열랭(熱冷)'으로 쓰지 않고, '냉열(冷熱)'로 쓰기 때문에 여기에서는 '溫'자만 정답으로 인정합니다.

98 永(길 영 : 총5획)▶ `丶 丿 亅 氺 永

99 服(옷 복 : 총8획)▶ 丿 刀 月 月 月 胩 服 服

100 半(반 반 : 총5획)▶ `丶 丷 二 爿 半

04회 예상문제　　51쪽~54쪽

01	형성	02	의향	03	도착	04	임야
05	도시	06	당선	07	독창	08	불편
09	노고	10	운명	11	공덕	12	선약
13	가격	14	효과	15	무료	16	관광
17	가산	18	패망	19	개정	20	타개
21	작업	22	반칙	23	교가	24	해악
25	주야	26	방안	27	강호	28	사각
29	낙엽	30	이순	31	특별	32	도/탁량
33	매매	34	단체	35	명곡	36	다행 행
37	남녘 남	38	반드시 필	39	수컷 웅	40	평평할 평
41	나그네 려	42	붓 필	43	손 객	44	열매 실
45	처음 초	46	잘 숙	47	잡을 조	48	흉할 흉
49	집 옥	50	다툴 쟁	51	가게 점	52	하여금 령
53	여름 하	54	숯 탄	55	법 규	56	무리 등
57	끝 말	58	될 화	59	對立	60	家訓
61	所聞	62	交通	63	軍服	64	正直
65	白雪	66	海洋	67	石油	68	利用
69	發明	70	植樹	71	音樂	72	花草
73	手話	74	淸	75	窓	76	才
77	育	78	室	79	行	80	新
81	少	82	⑦	83	①	84	④
85	⑤	86	①	87	④	88	⑤
89	②	90	③	91	⑥	92	반을 넘음
93	스스로를 돌이켜 살핌		94	마음을 다잡지 않고 놓아버림			
95	战	96	医	97	礼	98	①
99	⑥	100	④				

해설 🎯

03 到着(도착)▶(이를 도)(붙을 착)
: 목적한 곳에 다다름.
→ 서로 뜻이 비슷한 한자로 결합된 한자어입니다.

09 勞苦(노고)▶(일할 로)(쓸 고) : (어떤 일을 이루기 위하여) 힘들여 수고하고 애씀.
→ '勞'자의 본음은 '로'이나 여기에서는 두음법칙에 의해 '노'로 읽고 적습니다.

11 功德(공덕)▶(공 공)(큰 덕)
: 좋은 일을 하여 쌓은 공적과 덕행.

12 仙藥(선약)▶(신선 선)(약 약)
: ① 먹으면 오래살고 죽지 않는다는 신령스러운 약. ② 효험이 좋은 약.

15 無料(무료)▶(없을 무)(헤아릴 료)
: 값을 받거나 치르지 않음. 요금이 없음.
→ 여기에서 '料'자는 '요금(料金), 또는 급료(給料)'를 뜻합니다.

19 改定(개정)▶(고칠 개)(정할 정)
: (이미 정하였던 것을) 고쳐 다시 정함.
점 改正(개정) : (주로, 문서의 내용 따위를) 고쳐 바르게 함.

22 反則(반칙)▶(돌이킬 반)(법칙 칙)
→ '則'자는 쓰임에 따라 뜻과 소리가 달라지는 글자입니다.
점 則(법칙 칙, 곧 즉)

26 方案(방안)▶(모 방)(책상 안)
: 일을 처리할 방법이나 계획.
→ 여기에서 '方'자는 '방법(方法)', '案'자는 '생각, 계획'을 뜻합니다.

27 江湖(강호)▶(강 강)(호수 호)
: ① 강과 호수. ② 시골이나 자연. 일반 사회. 세상.

28 死角(사각)▶(죽을 사)(뿔 각)
: ① 어느 각도에서도 보이지 아니하는 범위.
② 관심이나 영향이 미치지 못하는 일이나 범위.

30 耳順(이순)▶(귀 이)(순할 순)
: '나이 육십에야 비로소 생각하는 것이 원만하여 순리대로 이해가 된다.'는 뜻으로, 나이 '예순 살'을 이르는 말.

32 度量(도량 / 탁량)▶(법도 도 / 헤아릴 탁)(헤아릴 량)
→ 뜻에 따라 독음이 달라지는 한자어입니다.
점 度量(도량) : ① 넓은 마음과 깊은 생각. ② 사물의 양을 헤아림. ③ 길이를 재는 자와 양을 재는 되.
점 度量(탁량) : ① 앞이나 뒤의 형편을 헤아림.
② 길이나 용량을 잼.
→ '度量(탁량)'은 서로 뜻이 비슷한 한자로 결합된 한자어입니다.

70 記念植樹(기념식수)
▶(기록할 기)(생각 념)(심을 식)(나무 수)
: 무엇을 기념하기 위하여 나무를 심는 일.

82 安分知足(안분지족)
▶(편안 안)(나눌 분)(알 지)(발 족)
→ 여기에서 '分'자는 '분수(分數)', '足'자는 '만족(滿足)'을 뜻합니다.

98 出(날 출 : 총 5획)
▶ 丨 屮 屮 出 出

99 勝(이길 승 : 총12획)
▶ 丿 几 月 月 月 朋 朕 朕 胖 滕 勝

100 庭(뜰 정 : 총10획)
▶ 丶 宀 广 广 庄 庄 庄 庭 庭 庭

05회 예상문제 55쪽~58쪽

01	사옥	02	실격	03	주의	04	빙탄
05	강요	06	전운	07	주초	08	참가
09	조화	10	원인	11	각지	12	은행
13	서점	14	야사	15	결국	16	객차
17	축원	18	성질	19	제재	20	발표
21	절친	22	정지	23	독도	24	기법
25	절약	26	여비	27	지식	28	문안
29	평면	30	억만	31	타산	32	저유
33	탁견	34	언쟁	35	어부	36	모일 회
37	차례 서	38	집 실	39	끝 말	40	비로소 시
41	장사 상	42	꾸짖을 책	43	채울 충	44	맡길 임
45	검을 흑	46	차례 제	47	해 세	48	지경 계
49	자리 위	50	생각 념	51	볼 관	52	생각할 고
53	줄 급	54	묶을 속	55	맑을 청	56	기를 양
57	가릴 선	58	기약할 기	59	成功	60	文明
61	放學	62	夜間	63	家庭	64	自習
65	病苦	66	便紙	67	老弱	68	市場
69	祖上	70	共同	71	消火	72	地方
73	外界	74	飮	75	特	76	每
77	英	78	球	79	來	80	利
81	重	82	⑧	83	⑥	84	④
85	②	86	④	87	②	88	①
89	⑤	90	②	91	④	92	⑧
93	④	94	⑤	95	数	96	薬
97	国	98	⑥	99	②	100	④

해설

02 失格(실격)▶(잃을 실)(격식 격)
: ① 격식에 맞지 아니함. ②(기준 미달이나 규칙 위반 따위로) 자격을 잃음.
→ 여기에서 '格'자는 '자격(資格)'을 뜻합니다.

04 氷炭(빙탄)▶(얼음 빙)(숯 탄)
: '얼음과 숯'이라는 뜻으로, '서로 정반대가 되거나 크게 차이가 나서 받아들지 못하는 관계'를 이르는 말.
→ 서로 뜻이 상대되는 한자로 결합된 한자어입니다.

05 強要(강요)▶(강할 강)(요긴할 요)
: 억지로 요구함.
→ 여기에서 '強'자는 '억지로, 강제로'를 뜻합니다.
→ '強'자와 '强'자는 쓰임이 같으나 '強'자가 정자이고, '强'자는 속자입니다.

06 戰雲(전운)▶(싸움 전)(구름 운)
: 전쟁이나 전투가 벌어지려는 험악한 형세.

08 參加(참가)▶(참여할 참)(더할 가) : 모임이나 단체 또는 일에 관계하여 참석하거나 가입함.
→ '參'자는 쓰임에 따라 뜻과 소리가 달라지는 글자입니다. 웹 參(참여할 참, 셋 삼)

14 野史(야사)▶(들 야)(사기 사)
: 민간에서 사사로이 기록한 역사.
→ 여기에서 '野'자는 '민간(民間)'을 뜻합니다.

16 客車(객차)▶(손 객)(수레 차)
: (기차 따위에서) 승객을 실어 나르는 차량.
→ '車'자는 쓰임에 따라 소리가 달라지는 글자입니다. 웹 車(수레 거, 수레 차)

21 切親(절친)▶(끊을 절)(친할 친)
: 더할 나위 없이 아주 친함.

→ '切'자는 뜻에 따라 발음이 달라지는 글자입니다. 참 切(끊을 절, 온통 체)

26 旅費(여비)▶(나그네 려)(쓸　비)
: 여행하는 데에 드는 비용.
→ '旅'자의 본음은 '려'이나 여기에서는 두음법칙에 의해 '여'로 읽고 적습니다.

31 打算(타산)▶(칠　타)(셈　산)
: 자신에게 도움이 되는지, 이해(利害)관계를 따져 헤아림.

32 貯油(저유)▶(쌓을 저)(기름 유)
: 기름을 저장하여 둠.

33 卓見(탁견)▶(높을 탁)(볼　견)
: 뛰어난 의견이나 견해.
→ 여기에서 '卓'자는 '탁월(卓越)'을, '見'자는 '견해, 의견'을 뜻합니다.

35 漁夫(어부)▶(고기잡을 어)(지아비 부)
→ '漁夫'의 '夫'자를 '父(아비 부)'자로 써서 '漁父'로 쓰기도 합니다.

65 病苦(병고)▶(병　병)(쓸　고)
: 병 때문에 겪는 괴로움.

67 老弱者(노약자)▶(늙을 로)(약할 약)(놈　자)
: 늙거나 약한 사람.
→ '老'자의 본음은 '로'이나 두음법칙에 의해 '노'로 읽고 적습니다.

82 北窓三友(북창삼우)
▶(북녘 북)(창　창)(석　삼)(벗　우)
: '거문고, 술, 시(詩)'를 아울러 이르는 말.

98 式(법　식 : 총6획)▶一一亍亍式式

99 米(쌀　미 : 총6획)▶丶丷丷半米米

100 直(곧을 직 : 총8획)▶一十十直直直直直

06회 예상문제 59쪽~62쪽

01	당자	02	봉창	03	결정	04	계획
05	영원	06	내주	07	착실	08	세련
09	열병	10	종족	11	행운	12	운집
13	은하	14	감정	15	철선	16	내성
17	수령	18	이북	19	부동	20	임기
21	특허	22	낙판	23	품질	24	실효
25	안건	26	전래	27	재목	28	육로
29	요소	30	낭독	31	과제	32	격언
33	흉악	34	동숙	35	요금	36	번개 전
37	볕 경	38	터 기	39	푸를 록	40	빛날 요
41	집 원	42	사라질 소	43	관계할 관	44	말미암을 유
45	고기잡을 어	46	알 지	47	견줄 비	48	굳셀 건
49	쓸 비	50	법식 례	51	더할 가	52	클 위
53	높을 탁	54	빠를 속	55	조사할 사	56	익힐 습
57	생각 사	58	과녁 적	59	急行	60	本部
61	公式	62	成長	63	名藥	64	作文
65	命中	66	自信	67	注目	68	合意
69	淸算	70	反對	71	時間	72	日記
73	分數	74	休	75	聞	76	郡
77	堂	78	神	79	氷	80	朝
81	始 / 初	82	⑧	83	④	84	①
85	⑥	86	③	87	⑥	88	④
89	⑤	90	⑧	91	②	92	⑥
93	②	94	⑧	95	万	96	区
97	発	98	③	99	⑦	100	①

해설 ◎

01 當者(당자)▶(마땅 당)(놈　자) : 어떤 일에 직접 관계가 있는 바로 그 사람. 당사자(當事者).

02 奉唱(봉창)▶(받들 봉)(부를 창)
: 경건한 마음으로 노래를 부름.

04 計畫(계획)▶(셀　계)(그을 획)
: 앞으로 할 일의 절차, 방법, 차례, 규모 등을 미리 헤아려 세운 내용.
→ '畫(화)'자는 쓰임에 따라 '그림 화', '그을 획'으로 읽습니다.

06 來週(내주)▶(올　래)(주일 주)
: 이번 주의 바로 다음 주.

07 着實(착실)▶(붙을 착)(열매 실)
: 허튼 데가 없이 차분하고 실다움.

12 雲集(운집)▶(구름 운)(모을 집)
: '구름처럼 모인다.'는 뜻으로, '많은 사람이 떼 지어 모여듦'을 이르는 말.

16 內省(내성)▶(안　내)(살필 성) : ① 자기의 사상이나 언동을 돌이켜 살펴봄. ② 자기 관찰.
→ '省'자는 쓰임에 따라 뜻과 소리가 달라지는 글자입니다. 참 省(살필 성, 덜 생)

17 首領(수령)▶(머리 수)(거느릴 령)
: 한 당파나 무리의 우두머리. 두령(頭領).

22 落板(낙판)▶(떨어질 락)(널　판)
: (윷놀이에서) 윷가락이 판 밖으로 떨어짐.

30 朗讀(낭독)▶(밝을 랑)(읽을 독)
: 글을 소리 내어 읽음.

50 例(법식 례)에서 '법식'은 '본보기'를 뜻합니다.

61 公式(공식)▶(공평할 공)(법　식)

: ① 공적인 방식. ② 틀에 박힌 형식이나 방식. ③ (수학에서) 계산의 법칙 따위.

63 名藥(명약)▶(이름 명)(약　약)
: 효험이 뛰어나 이름난 약.

65 命中(명중)▶(목숨 명)(가운데 중)
: (화살이나 총알 따위가) 겨냥한 곳에 바로 맞음.
→ 여기에서 '中'자는 '적중하다, 알맞다'를 뜻합니다.

66 自信(자신)▶(스스로 자)(믿을 신) : 꼭 그렇게 되리라는 데 대하여 스스로 굳게 믿음. 능력을 믿음.

67 注目(주목)▶(부을 주)(눈　목)
: ① 눈길을 한곳에 모아서 봄. ② 특별히 관심을 가지고 주의 깊게 살핌.

69 淸算(청산)▶(맑을 청)(셈　산)
: ① 빚을 셈하여 깨끗이 해결함. ② 지금까지의 관계에 결말을 지음.

73 分數(분수)▶(나눌 분)(셈　수) : ① 사물을 분별하는 지혜. ② 자기 처지에 알맞은 한도. ③ 어떤 수를 분자와 분모로 나타낸 것.

80 朝野(조야)▶(아침 조)(들　야) : 정부(政府)와 민간(民間). 조정(朝廷)과 재야(在野).

84 不問曲直(불문곡직)▶(아닐 불)(물을　문)(굽을 곡)(곧을 직) : '曲直'은 '굽음과 곧음'이라는 뜻으로, '옳고 그름'을 이르는 말입니다.
→ '曲直'은 서로 뜻이 상대되는 한자로 결합된 한자어입니다.

98 席(자리　석 : 총10획)
▶ 一 广 广 广 庐 庐 席 席

99 車(수레 거/차 : 총 7획)
▶ 一 ㄱ 戸 戸 百 亘 車

100 近(가까울　근 : 총 8획)
▶ 一 ㄱ 斤 斤 沂 近 近 近

07회 예상문제　　63쪽~66쪽

해설

01	복비	02	임명	03	기조	04	유행
05	승리	06	상관	07	최고	08	반생
09	충당	10	비중	11	낙원	12	체조
13	여객	14	구습	15	착륙	16	탄질
17	도래	18	법전	19	정원	20	악한
21	연세	22	원서	23	성급	24	경치
25	명필	26	매점	27	무정	28	덕분
29	요인	30	원칙	31	건립	32	세면
33	결속	34	사관	35	수도	36	지날 력
37	쉴 휴	38	맺을 약	39	재목 재	40	근심 환
41	어제 작	42	패할 패	43	재주 기	44	판 국
45	목욕할 욕	46	벗 우	47	글월 문	48	나타날 현
49	낳을 산	50	펼 전	51	고을 읍	52	잃을 실
53	종이 지	54	구원할 구	55	본받을 효	56	말씀 설
57	기 기	58	귀신 신	59	注意	60	話術
61	敎室	62	男女	63	集合	64	出戰
65	時速	66	平和	67	食用	68	發表
69	住民	70	苦心	71	農村	72	正門
73	先頭	74	窓	75	形	76	根
77	放	78	感	79	近	80	冷
81	短	82	⑤	83	⑧	84	②
85	③	86	①	87	④	88	③
89	⑦	90	③	91	②	92	⑤
93	③	94	⑦	95	之	96	図
97	昼	98	⑦	99	②	100	⑥

01 福費(복비)▶(복　복)(쓸　비)
: 두 당사자 사이에서 일을 주선한 대가로 받는 돈. 중개료(仲介料).

03 基調(기조)▶(터　기)(고를 조)
: 사상, 작품, 학설 따위에 일관해서 흐르는 기본적인 경향이나 방향.

08 半生(반생)▶(반　반)(날　생)
: 반평생. 한평생의 절반.

10 比重(비중)▶(견줄 비)(무거울 중)
: 다른 것과 비교할 때 차지하는 중요성의 정도.
→ 여기에서 '重'자는 '중요함'을 뜻합니다.

17 到來(도래)▶(이를 도)(올　래)
: 어떤 시기나 기회가 닥쳐옴.

18 法典(법전)▶(법　법)(법　전) : 국가가 제정한 법규를 체계적으로 정리하여 엮은 책.
→ 서로 뜻이 비슷한 한자로 결합된 한자어입니다.

20 惡漢(악한)▶(악할 악)(한수 한)
: 악독한 짓을 하는 사람.
→ 여기에서 '漢'자는 '老漢(노한), 怪漢(괴한)' 등의 한자어에 쓰인 뜻과 같이 '사나이, 사내'를 뜻합니다.
→ '惡'자는 쓰임에 따라 뜻과 소리가 달라지는 글자입니다. 참 惡(미워할 오, 악할 악)

28 德分(덕분)▶(큰　덕)(나눌 분)
: 베풀어 준 은혜나 도움.

33 結束(결속)▶(맺을 결)(묶을 속)
: 뜻이 같은 사람끼리 서로 뭉침.
→ 서로 뜻이 비슷한 한자로 결합된 한자어입니다.

34 史觀(사관)▶(사기 사)(볼   관) : 역사적 사실에 대한 근본적이고 체계적인 견해.

44 '局(판 국)'자의 '판'은 '일이 벌어진 자리나 장면'을 뜻합니다.

56 '說(말씀 설)'자는 쓰임에 따라 훈과 음이 '기쁠 열, 달랠 세'로 쓰이기도 합니다.
참 喜說 = 喜悅(희열). 遊說(유세). 說客(세객).

60 話術(화술)▶(말씀 화)(재주 술) : 말재주.

64 出戰(출전)▶(날   출)(싸움 전)
: 운동경기에 나감. 나가서 싸움.

70 苦心(고심)▶(쓸   고)(마음 심)
: 마음을 태우며 몹시 애씀.

73 先頭(선두)▶(먼저 선)(머리 두)
: 대열 따위에서 맨 앞. 첫머리.

82 類萬不同(유만부동)
▶(무리 류)(일만 만)(아닐 불)(한가지 동).
→ '類'자의 본음은 '류'이나 두음법칙에 의해 '유'로 읽고 적습니다.

85 以實直告(이실직고)
▶(써   이)(열매 실)(곧을 직)(고할 고).
→ '以'자는 '~로써, ~을 가지고'를 뜻합니다.

86 思考(사고)▶(생각 사)(생각할 고)
→ '思'자와 서로 뜻이 비슷한 유의자는 '考'자 이외에 '念(생각 념), 意(뜻 의)'자도 있습니다. 그러나 '염사(念思), 사의(思意)'로는 쓰지 않고, '사념(思念), 의사(意思)'로 씀에 주의해야 합니다.

98 夜(밤   야 : 총8획)▶ 亠广广疒夜夜夜夜

99 良(어질 량 : 총7획)▶ 丶ㄱㅋㅋ艮艮良

100 耳(귀   이 : 총6획)▶ 一丁下FF耳耳

08회 예상문제
67쪽~70쪽

01	낙도	02	객담	03	유통	04	한복
05	귀댁	06	효용	07	관전	08	무시
09	변인	10	허가	11	순번	12	염원
13	결속	14	절실	15	영애	16	면식
17	상업	18	개량	19	종례	20	곡조
21	부당	22	원로	23	열정	24	원전
25	결정	26	서두	27	재물	28	급료
29	한랭	30	선명	31	규약	32	중책
33	과로	34	배가	35	입상	36	공구
37	다를 타	38	손자 손	39	클 위	40	단 단
41	흉할 흉	42	빌 축	43	지날 력	44	고을 주
45	볕 경	46	쓸 고	47	살 매	48	씻을 세
49	말 마	50	길할 길	51	능할 능	52	빛날 요
53	귀신 신	54	도읍 도	55	세울 건	56	호수 호
57	하여금 사	58	받들 봉	59	書堂	60	光線
61	洋食	62	空中	63	自由	64	靑年
65	運動	66	區間	67	新綠	68	急所
69	親族	70	外信	71	計算	72	海風
73	開放	74	京	75	米	76	角
77	班	78	席	79	身	80	發
81	白	82	⑧	83	③	84	②
85	⑤	86	⑤	87	④	88	③
89	⑩	90	②	91	④	92	⑧
93	③	94	⑥	95	図	96	医
97	体	98	①	99	⑤	100	⑧

해설 🎯

01 落島(낙도)▶(떨어질 락)(섬　도)
: 육지에서 떨어진 외딴섬.
→ '落'자의 본음은 '락'이나 두음법칙에 의해 '낙'으로 적습니다.

02 客談(객담)▶(손　객)(말씀 담)
: 객쩍게 말함. 실없는 말. 객설(客說).
→ '客(손 객)'자의 '손'은 '다른 곳에서 찾아오거나 잠시 들른 사람'을 뜻합니다.

05 貴宅(귀댁)▶(귀할 귀)(집　댁)
: (주로 편지 글에서) 상대편을 높여 그의 '집이나 가정'을 높여 이르는 말.
→ '宅'자는 쓰임에 따라 소리가 달라지는 글자입니다. 참 宅地(택지). 宅內(댁내).

08 無視(무시)▶(없을 무)(볼　시)
: ① 사물의 존재나 가치를 알아주지 아니함.
② 깔보거나 업신여김.

09 變因(변인)▶(변할 변)(인할 인)
: 성질이나 모습이 변하는 원인.

14 切實(절실)▶(끊을 절)(열매 실)
: ① 실제에 꼭 들어맞음. ② 매우 시급하고 긴요함.
→ '切'자는 뜻에 따라 소리가 달라지는 글자입니다.
참 一切(일체). 一切(일절). 切感(절감). 切開(절개).

16 面識(면식)▶(낯　면)(알　식)
: 얼굴을 서로 알 정도의 관계. 안면(顔面).

21 不當(부당)▶(아닐 불)(마땅 당)
: 이치에 맞지 아니함.
→ 여기에서 '當'자는 '正當(정당)함'을 뜻합니다.

24 原典(원전)▶(언덕 원)(법　전)
: 기준이 되는 본디의 고전.
→ 여기에서 '原'자는 '근원(根源)'을 뜻합니다.

31 規約(규약)▶(법　규)(맺을 약)
: 서로 지키도록 협의(協議)하여 정한 규칙(規則).

34 倍加(배가)▶(곱　배)(더할 가)
: 갑절 또는 몇 배로 늘어남.

65 運動(운동)▶(옮길 운)(움직일 동)
→ 서로 뜻이 비슷한 한자로 결합된 한자어입니다.

66 區間(구간)▶(구분할 구)(사이 간)
: 어떤 지점과 다른 지점과의 사이.

70 外信(외신)▶(바깥 외)(믿을 신)
: 외국으로부터 온 통신.
→ 여기에서 '外'자는 '외국(外國)', '信'자는 '통신(通信)'을 뜻합니다.

80 發着(발착)▶(필　발)(붙을 착)
: 출발(出發)과 도착(到着).

85 今時初聞(금시초문)
▶(이제 금)(때　시)(처음 초)(들을 문)
: '時'자를 '始'자로 바꾸어 '今始初聞'으로 쓰기도 합니다.

86 樹林(수림)▶(나무 수)(수풀 림)
→ '樹'자와 서로 뜻이 비슷한 한자는 '林'자 이외에 '木(나무 목)'자도 있습니다. 그러나 '木樹(목수)'로는 쓰지 않고, '樹木(수목)'으로 씁니다.

98 世(인간　세 : 총 5획)▶ 一 十 卅 卅 世

99 代(대신할 대 : 총 5획)▶ 丿 亻 代 代

100 題(제목　제 : 총18획)
▶ 丶 冂 冃 尸 豆 早 昇 昇 是 是 是 題 題 題 題 題 題 題

09회 예상문제   71쪽~74쪽

01	영특	02	망원	03	규칙	04	가열
05	병실	06	영해	07	철창	08	수종
09	결사	10	택지	11	낙화	12	탁구
13	노동	14	휴양	15	요리	16	약국
17	집계	18	명랑	19	재단	20	가당
21	선거	22	광고	23	세한	24	역임
25	인화	26	실효	27	재해	28	질량
29	흑백	30	대필	31	어구	32	관상
33	봉창	34	경합	35	견문	36	살필 성 / 덜 생
37	완전할 완	38	마칠 종	39	결단할 결		
40	몸 기	41	공부할 과	42	허락할 허	43	조사할 사
44	생각할 고	45	섬 도	46	섬길 사	47	배 선
48	익힐 련	49	칠 타	50	구름 운	51	헤아릴 료
52	줄 급	53	길할 길	54	비 우	55	다리 교
56	근심 환	57	언덕 원	58	신하 신	59	水路
60	平等	61	發光	62	通信	63	下旗
64	三寸	65	名山	66	話題	67	各自
68	國立	69	風習	70	全部	71	銀行
72	公園	73	口號	74	親	75	急
76	植	77	住	78	愛	79	本
80	新	81	直	82	⑤	83	③
84	⑧	85	②	86	④	87	③
88	⑥	89	⑤	90	⑦	91	⑨
92	⑦	93	①	94	④	95	礼
96	学	97	会	98	⑥	99	⑥
100	⑤						

해설

01 英特(영특)▶(꽃부리 영)(특별할 특)
: 남달리 뛰어나고 훌륭함.
→ 서로 뜻이 비슷한 한자로 결합된 한자어입니다.
참 '英(꽃부리 영)'자의 '꽃부리'는 '꽃잎 전체'를 이르는 말입니다.

03 規則(규칙)▶(법 규)(법칙 칙)
→ 서로 뜻이 비슷한 한자로 결합된 한자어입니다.

06 領海(영해)▶(거느릴 령)(바다 해)
: 그 나라의 통치권이 미치는 영토에 인접한 해역.
→ '領'자의 본음은 '령'이나 두음법칙에 의해 '영'으로 읽고 적습니다.

08 樹種(수종)▶(나무 수)(씨 종) : 나무의 종류.

09 結社(결사)▶(맺을 결)(모일 사)
: 여러 사람이 공동의 목적을 이루기 위하여 단체를 조직함.

10 宅地(택지)▶(집 택)(따 지) : 집을 지을 땅.
→ '宅'자는 쓰임에 따라 소리가 달라지는 글자입니다. 참 住宅(주택). 貴宅(귀댁).

11 落花(낙화)▶(떨어질 락)(꽃 화)
: 떨어진 꽃 또는 꽃이 떨어짐.
→ '落'자의 본음은 '락'이나 두음법칙에 의해 '낙'으로 적습니다.

13 勞動(노동)▶(일할 로)(움직일 동)
: 생활에 필요한 것을 얻기 위하여 육체적·정신적 노력을 들이는 행위.
→ '勞'자의 본음은 '로'이나 두음법칙에 의해 '노'로 적습니다.

15 料理(요리)▸(헤아릴 료)(다스릴 리)

→ '料'자의 본음은 '료'이나 두음법칙에 의해 '요'로 적습니다.

20 可當(가당)▸(옳을 가)(마땅 당)

: ① 대체로 사리에 맞음. ② 정도·수준·사실 따위가 비슷하게 맞음.

25 人和(인화)▸(사람 인)(화할 화)

: 여러 사람이 서로 화합함.

61 發光(발광)▸(필 발)(빛 광) : 빛을 냄.

67 各自(각자)▸(각각 각)(스스로 자)

: 각각의 자기 자신. 제각기.

→ '各者(각자 : 각각의 사람)'로 쓰지 않음에 주의!

82 知過必改(지과필개)

▸(알 지)(지날 과)(반드시 필)(고칠 개)

→ 여기에서 '過'자는 '허물, 잘못, 실수'를 뜻합니다.

83 老少同樂(노소동락)

▸(늙을 로)(젊을 소)(한가지 동)(즐길 락)

→ '老少'는 서로 뜻이 상대되는 한자로 결합된 한자어입니다.

참 '少(적을 소)'자의 상대자는 '多(많을 다)'자도 있습니다.

92 節電(절전)▸(마디 절)(번개 전)

→ 여기에서 '節'자는 '절약(節約)'을 뜻합니다.

98 衣(옷 의 : 총6획)▸ `一 亠 ナ ㅊ ㅊ 衣`

99 來(올 래 : 총8획)▸ `一 丆 丆 夹 來 來 來`

100 市(저자 시 : 총5획)▸ `一 亠 亠 市 市`

10회 예상문제 75쪽~78쪽

01	축가	02	구옥	03	숙제	04	산재
05	안착	06	전설	07	저탄	08	욕실
09	변소	10	책임	11	해류	12	구급
13	기차	14	세면	15	타령	16	봉사
17	적도	18	규격	19	병환	20	도표
21	효과	22	변질	23	필요	24	엽서
25	분류	26	불허	27	길흉	28	패망
29	조업	30	물가	31	어구	32	경매
33	정담	34	귀족	35	가능	36	밝을 랑
37	집 원	38	해 세	39	관계할 관	40	장사 상
41	물건 품	42	마디 절	43	생각 념	44	부를 창
45	쓸 비	46	홀로 독	47	섬 도	48	원할 원
49	검을 흑	50	통할 통	51	마실 음	52	누를 황
53	구름 운	54	아이 동	55	뿔 각	56	아이 아
57	소 우	58	재주 재	59	現在	60	古今
61	放心	62	平等	63	世界	64	太陽
65	山村	66	旗手	67	萬全	68	問答
69	家庭	70	白雪	71	發明	72	事理
73	樂章	74	科	75	銀	76	各
77	綠	78	運	79	弱	80	功
81	愛 / 善	82	⑤	83	⑧	84	①
85	④	86	⑤	87	④	88	①
89	②	90	⑨	91	⑥	92	⑦
93	③	94	⑤	95	区	96	画
97	昼	98	③	99	⑧	100	④

해설 🎯

02 舊屋(구옥)▶(예　구)(집　옥)
　　: 지은 지 오래 된 집. 옛집.

04 産災(산재)▶(낳을 산)(재앙 재)
　　: 노동 과정에서 일어나는 근로자의 신체적 장애.
　　산업재해(産業災害).

05 安着(안착)▶(편안 안)(붙을 착)
　　: ① 무사히 잘 도착함. ② 마음의 흔들림 없이
　　착실하게 자리 잡음.

06 傳說(전설)▶(전할 전)(말씀 설)
　　→ '說(말씀 설)'자는 쓰임에 따라 훈과 음이 '기
　　쁠 열, 달랠 세'로 쓰이기도 합니다.
　　참 喜說 = 喜悅(희열). 遊說(유세). 說客(세객).

12 救急(구급)▶(구원할 구)(급할 급)
　　: 위급한 처지에 있는 사람을 구하여 냄.

15 打令(타령)▶(칠　타)(하여금 령)
　　: ① 조선 시대 음악 곡조의 한 가지. ② 광대의
　　판소리나 잡가. ③ (어떤 사물이나 욕구에 관하
　　여) 자꾸 이야기하거나 되는대로 지껄이는 일.
　　→ '타령'은 순우리말로 쓰는 것이 보통이나 '打
　　令'과 같이 한자로 쓰기도 합니다.

17 赤道(적도)▶(붉을 적)(길　도)
　　: 위도의 기준이 되는 선. [지구의 중심을 지나는
　　자전축에 수직인 평면과 지표와 교차되는 선으로, 춘
　　분(春分)과 추분(秋分) 때 태양이 바로 위를 지나간다.]

26 不許(불허)▶(아닐 불)(허락할 허)
　　: 허락하지 아니함.

29 操業(조업)▶(잡을 조)(업　업)
　　: 기계 따위를 움직여 일을 함.

31 漁具(어구)▶(고기잡을 어)(갖출 구)

　　: 고기잡이에 쓰는 도구.

35 可能(가능)▶(옳을 가)(능할 능)
　　: 할 수 있거나 될 수 있음.
　　→ 여기에서 '可'자는 '옳거나 좋음'을 뜻하고,
　　'能'자는 '서투르지 않고 익숙함'을 뜻합니다.

60 東西古今(동서고금)
　　▶(동녘 동)(서녘 서)(예　고)(이제 금)
　　→ '東西'와 '古今'은 각각 서로 뜻이 상대되는 한
　　자로 결합된 한자어입니다.

66 旗手(기수)▶(기　기)(손　수)
　　→ 여기에서 '手'자는 '목수(木手), 소방수(消防
　　手)' 등과 같이 '그것을 직업으로 하는 사람'의 뜻
　　을 더하는 접미사입니다.

73 樂章(악장)▶(노래 악)(글　장)
　　: 조선 초기에 발생한 시가(詩歌) 형태의 하나.

80 功過(공과)▶(공　공)(지날 과)
　　→ 여기에서 '功'자는 '공로(功勞)'를 뜻하고, '過'
　　자는 '과실(過失)'을 뜻합니다.

81 愛惡(애오)▶(사랑 애)(미워할 오)
　　善惡(선악)▶(착할 선)(악할 악)
　　→ '惡'자는 뜻에 따라 소리가 달라지는 글자입
　　니다.

83 良藥苦口(양약고구)
　　▶(어질 량)(약　약)(쓸　고)(입　구)
　　: '忠言逆耳(충언역이)'와 뜻이 비슷하여 유사어
　　로 쓰입니다.

98 特(특별할 특 : 총10획)
　　▶ ノ ト ヒ キ 牛 半 特 特 特 特

99 級(등급　급 : 총10획)
　　▶ ㄴ ㄴ ㄴ ㄠ ㄠ ㄠ ㄠ 約 級 級

100 邑(고을　읍 : 총 7획)▶ ⊓ ⊓ ⊓ 무 묘 吕 邑

11회 예상문제

79쪽~82쪽

 해설

01	고정	02	망명	03	선수	04	방약
05	경관	06	숙환	07	품귀	08	격조
09	실사	10	한해	11	합창	12	개발
13	독특	14	종착	15	요약	16	신효
17	철교	18	매점	19	절전	20	이순
21	과거	22	선전	23	재선	24	운동
25	승자	26	화재	27	정지	28	덕망
29	법칙	30	건아	31	고참	32	졸업
33	재료	34	무형	35	원가	36	무리 류
37	상줄 상	38	벗 우	39	창 창	40	주일 주
41	선비 사	42	마땅 당	43	으뜸 원	44	다툴 경
45	들 거	46	펼 전	47	아침 조	48	날랠 용
49	구원할 구	50	고울 선	51	모일 사	52	셀 계
53	기를 양	54	기다릴 대	55	재물 재	56	재주 술
57	다스릴 리	58	(물)고기 어	59	角度	60	苦學
61	在來	62	記號	63	米飮	64	成功
65	公式	66	不正	67	空白	68	陽地
69	信用	70	長短	71	集中	72	同等
73	身分	74	病	75	銀	76	界
77	植	78	活	79	遠	80	本
81	海	82	⑥	83	⑤	84	⑧
85	③	86	③	87	⑤	88	④
89	③	90	⑤	91	②	92	⑤
93	⑥	94	②	95	对	96	礼
97	数	98	③	99	⑤	100	⑥

02 亡命(망명)▶(망할 망)(목숨 명)
: 정치적인 이유로 박해를 받아 제 나라에 있지 못하고 외국으로 몸을 옮김.

03 船首(선수)▶(배 선)(머리 수)
: 배의 머리. 이물. 선두(船頭).

04 方藥(방약)▶(모 방)(약 약)
: 약제를 적절하게 조합하여 섞는 일 또는 처방에 따라 지은 약.
→ 여기에서 '方'자는 '처방(處方)'을 뜻합니다.

06 宿患(숙환)▶(잘 숙)(근심 환)
: ① 오래 묵은 병. ② 오래된 걱정거리.

13 獨特(독특)▶(홀로 독)(특별할 특)
: 다른 것과 견줄 수 없을 정도로 특별하게 뛰어남.

16 神效(신효)▶(귀신 신)(본받을 효)
: 신기(神奇)한 효과(效果)나 효험(效驗).

22 善戰(선전)▶(착할 선)(싸움 전)
: 있는 힘을 다하여 실력 이상으로 잘 싸움.
→ 여기에서 '善'자는 '훌륭함, 잘함'을 뜻합니다.

23 再選(재선)▶(두 재)(가릴 선)
: 두 번째로 당선(當選)됨.

24 運動(운동)▶(옮길 운)(움직일 동)
→ 서로 뜻이 비슷한 한자로 결합된 한자어입니다.

31 古參(고참)▶(예 고)(참여할 참)
: 오래전부터 한 직위나 직장 따위에 머물러 온 사람. 선임(先任).

34 無形(무형)▶(없을 무)(모양 형)
: 형상이나 형체가 없음.

35 原價(원가)▸(언덕 원)(값 가)
: 상품의 제조, 판매, 배급 따위에 든 재화와 용역을 단위에 따라 계산한 가격.
→ 여기에서 '原'자는 '원래, 근원'을 뜻합니다.

60 苦學(고학)▸(쓸 고)(배울 학)
: 학비(學費)를 스스로 벌어서 고생하며 배움.

62 記號(기호)▸(기록할 기)(이름 호)
: 어떠한 뜻을 나타내기 위하여 쓰이는 부호, 문자, 표지 따위를 이르는 말.

63 米飮(미음)▸(쌀 미)(마실 음)
: 입쌀이나 좁쌀을 푹 끓여 체에 걸러 낸 걸쭉한 음식.

69 信用(신용)▸(믿을 신)(쓸 용)
: 틀림이 없을 것으로 믿어 의심하지 아니함.

72 同等(동등)▸(한가지 동)(무리 등)
: 등급이나 정도가 같음.
→ 여기에서 '等'자는 '가지런함'을 뜻합니다.

80 本末(본말)▸(근본 본)(끝 말)
: 사물이나 일의 처음과 끝.

81 陸海(육해)▸(뭍 륙)(바다 해) : 육지와 바다.
→ '陸'자의 '뭍'은 '지구의 표면에서 바다를 뺀 나머지 부분'을 뜻합니다.

98 序(차례 서 : 총 7획)
▸ 丶 亠 广 户 户 庐 序

99 歌(노래 가 : 총14획)
▸ 一 丁 可 可 可 哥 哥 哥 哥 哥 哥 哥 歌 歌

100 馬(말 마 : 총10획)
▸ 一 厂 F F 甲 馬 馬 馬 馬 馬

12회 예상문제 83쪽~86쪽

01	마술	02	경기	03	광교	04	유제
05	낙화	06	열망	07	원산	08	수림
09	냉한	10	덕신	11	운해	12	결합
13	가결	14	공약	15	식탁	16	도급
17	재물	18	표구	19	용기	20	죄목
21	구명	22	안타	23	법도	24	선량
25	감지	26	경품	27	천성	28	친족
29	선별	30	기단	31	규칙	32	상선
33	고사	34	건수	35	빙판	36	오를 등
37	마칠 종	38	상줄 상	39	클 위	40	꾸짖을 책
41	홀로 독	42	급할 급	43	차례 서	44	뭍 륙
45	거느릴 령	46	동산 원	47	들을 문	48	말씀 설
49	잘 숙	50	잡을 조	51	쓸 비	52	지날 과
53	능할 능	54	부를 창	55	쌀 미	56	호수 호
57	팔 매	58	들 거	59	溫水	60	風速
61	休校	62	苦樂	63	失業	64	通信
65	昨今	66	平和	67	明月	68	圖章
69	高級	70	春秋	71	多少	72	代身
73	青年	74	短	75	成	76	交
77	頭	78	孫	79	直	80	有
81	發	82	⑥	83	②	84	④
85	⑦	86	②	87	④	88	⑥
89	③	90	⑦	91	④	92	⑤
93	⑦	94	①	95	国	96	来
97	号	98	②	99	④	100	③

해설

01 馬術(마술)▶(말 마)(재주 술)
: 말을 타고 부리는 재주. 승마술(乘馬術)

04 類題(유제)▶(무리 류)(제목 제)
: 비슷하거나 같은 종류의 문제나 제목.
→ '類'자의 본음은 '류'이나 두음법칙에 의해 '유'로 적습니다.

07 原産(원산)▶(언덕 원)(낳을 산)
: 어떤 곳에서 처음으로 생산됨. 또는 그 물건.

09 冷寒(냉한)▶(찰 랭)(찰 한)
→ '冷'자의 본음은 '랭'이나 두음법칙에 의해 '냉'으로 적습니다.

10 德臣(덕신)▶(큰 덕)(신하 신)
: ① 인격이 훌륭한 신하. ② 세상 사람이 우러르고 따르는 덕망(德望)이 두터운 대신.

11 雲海(운해)▶(구름 운)(바다 해) : '구름바다'라는 뜻에서, '① 바다나 호수가 구름에 닿아 보이는 먼 곳. ② 높은 곳에서 내려다볼 때, 바다처럼 널리 깔린 구름'을 이르는 말.

13 可決(가결)▶(옳을 가)(결단할 결)
: (회의에서) 제출된 의안을 좋다고 인정하여 결정함.

18 表具(표구)▶(겉 표)(갖출 구)
: 그림의 뒷면이나 테두리에 종이나 천을 발라서 족자(簇子)나 병풍 따위를 꾸며 만드는 일.

20 罪目(죄목)▶(허물 죄)(눈 목)
: 저지른 범죄의 명목(名目).

23 法度(법도)▶(법 법)(법도 도)
→ 서로 뜻이 비슷한 한자로 결합된 한자어입니다.

29 選別(선별)▶(가릴 선)(다를 별)
: 가려서 따로 나눔.

31 規則(규칙)▶(법 규)(법칙 칙)
→ 서로 뜻이 비슷한 한자로 결합된 한자어입니다.

34 件數(건수)▶(물건 건)(셈 수)
: 사물이나 사건 따위의 가짓수.
→ 여기에서 '件'자는 '사건, 서류, 안건, 조항 따위를 세는 단위'를 뜻합니다.

60 風速(풍속)▶(바람 풍)(빠를 속)
: 바람의 속도(速度)

62 生死苦樂(생사고락)
▶(날 생)(죽을 사)(쓸 고)(즐길 락)
→ '生死'와 '苦樂'은 각각 뜻이 상대되는 한자로 결합된 한자어입니다.

65 昨今(작금)▶(어제 작)(이제 금)
→ 서로 뜻이 상대되는 한자로 결합된 한자어입니다.

67 淸風明月(청풍명월)
▶(맑을 청)(바람 풍)(밝을 명)(달 월)
: '맑은 바람과 밝은 달'이라는 뜻에서, '풍월(風月)'이라고도 합니다.

70 春秋(춘추)▶(봄 춘)(가을 추)
: ① 봄과 가을. ② 해(지구가 태양을 한 바퀴 도는 동안). ③ '어른의 나이'를 높여 이르는 말.
→ 서로 뜻이 상대되는 한자로 결합된 한자어입니다.

98 雨(비 우 : 총8획)▶ 一 冂 冂 雨 雨 雨 雨 雨

99 放(놓을 방 : 총8획)▶ 丶 一 方 方 方 扩 放 放

100 姓(성 성 : 총8획)▶ 乚 女 女 女 女 姓 姓 姓

13회 예상문제　87쪽~90쪽

01	사료	02	지기	03	죄책	04	양은
05	도읍	06	공로	07	참고	08	어선
09	초원	10	이념	11	순위	12	입건
13	악한	14	양식	15	초엽	16	탄차
17	질적	18	세수	19	친절	20	양육
21	단지	22	창곡	23	탁효	24	과객
25	흉계	26	적색	27	광야	28	약졸
29	특사	30	결실	31	우마	32	덕담
33	수량	34	설경	35	필치	36	집 옥
37	코 비	38	바 소	39	판 국	40	예 구
41	이할 리	42	전할 전	43	들을 문	44	맡길 임
45	서울 경	46	하여금 령	47	원할 원	48	능할 능
49	각각 각	50	물을 문	51	근심 환	52	클 태
53	꽃부리 영	54	수컷 웅	55	이제 금	56	없을 무
57	잃을 실	58	억 억	59	方向	60	感動
61	急行	62	直角	63	多幸	64	氣溫
65	意圖	66	反省	67	電子	68	公開
69	由來	70	風光	71	同意	72	共通
73	注入	74	世	75	園	76	班
77	空	78	紙	79	夕 / 野	80	上
81	和	82	③	83	①	84	⑧
85	④	86	②	87	④	88	③
89	④	90	⑥	91	②	92	③
93	②	94	⑤	95	楽	96	対
97	万	98	⑥	99	④	100	⑧

해설

02 知己(지기)▶(알　지)(몸　기)
: 자기의 속마음을 참되게 알아주는 친구. 지기지우(知己之友).

04 洋銀(양은)▶(큰바다 양)(은　은)
: 구리, 아연, 니켈 따위를 합금하여 만든 금속. [식기나 장식품을 만드는 데 많이 씀]

10 理念(이념)▶(다스릴 리)(생각 념)
: 이상(理想)적인 것으로 여겨지는 생각이나 견해.
→ '理'자의 본음은 '리'이나 두음법칙에 의해 '이'로 적습니다.

12 立件(입건)▶(설　립)(물건 건)
: 범죄 혐의 사실이 인정되어 사건이 성립하는 일.
→ '立'자의 본음은 '립'이나 두음법칙에 의해 '입'으로 적습니다.

14 良識(양식)▶(어질 량)(알　식)
: 뛰어난 식견(識見)이나 건전한 판단(判斷).

15 初葉(초엽)▶(처음 초)(잎　엽)
: 한 시대를 처음·가운데·끝의 셋으로 갈랐을 때에 그 초기(初期)를 이르는 말.

23 卓效(탁효)▶(높을 탁)(본받을 효)
: 뛰어난 효험(效驗).

25 凶計(흉계)▶(흉할 흉)(셀　계)
: 흉악(凶惡)한 계략(計略).

28 弱卒(약졸)▶(약할 약)(마칠 졸)
: 약한 군졸(軍卒).

29 特使(특사)▶(특별할 특)(하여금 사)
: 특별한 임무를 띠고 파견하는 외교 사절(使節).

35 筆致(필치)▶(붓　필)(이를 치)
: 글이나 글씨에 나타나는 맛이나 개성(個性).

62　直角(직각) ▶ (곧을 직)(뿔　각)
　　: 두 직선이 만나서 이루는 90도의 각.

65　意圖(의도) ▶ (뜻　의)(그림 도)
　　: 무엇을 하고자 하는 생각이나 계획.
　　→ 여기에서 '圖'자는 '꾀하다, 도모하다'를 뜻합
　　니다.

67　電子(전자) ▶ (번개 전)(아들 자)
　　: 원자를 이루는 기본적 소립자(素粒子)의 한 가지.
　　→ 여기에서 '子'자는 '어근이나 단어의 뒤에 붙어
　　새로운 단어가 되게 하는 접미사'로 쓰였습니다.

70　風光(풍광) ▶ (바람 풍)(빛　광)
　　: 산·들·강·바다 따위의 자연이나 지역의 아
　　름다운 풍경. 경치(景致).

73　注入(주입) ▶ (부을 주)(들　입)
　　: ① 액체를 흘러 들어가도록 부어 넣음. ② 지식
　　을 기계적으로 기억하게 하여 가르침.

79　朝野(조야) ▶ (아침 조)(들　야) : 조정(朝廷)과 민
　　간(民間).
　　→ 여기에서 '朝'자는 '조정(朝廷), 정부(政府)'를
　　뜻하고, '野'자는 '재야(在野), 민간(民間)'을 뜻합
　　니다.

81　和戰(화전) ▶ (화할 화)(싸움 전)
　　: 화친(和親)과 전쟁(戰爭).

93　冷待(냉대) ▶ (찰　랭)(기다릴 대)
　　→ 여기에서 '待'자는 '대접하다, 접대하다'를 뜻
　　합니다.

98　安(편안 안 : 총6획) ▶ ⟨ ⟩ ⟨ ⟩ 宀 宀 安 安

99　年(해　년 : 총6획) ▶ ⟨ ⟩ ⟨ ⟩ ⟨ ⟩ 乍 年

100　事(일　사 : 총8획) ▶ ⟨ ⟩ ⟨ ⟩ 百 百 巨 写 写 事

14회 예상문제　91쪽~94쪽

01	완결	02	단조	03	선교	04	편지
05	순서	06	원인	07	요약	08	온화
09	방임	10	당연	11	양어	12	화구
13	참가	14	호령	15	최초	16	우각
17	양질	18	장타	19	오열	20	도리
21	전설	22	상담	23	덕성	24	인류
25	역사	26	절개	27	변화	28	재거
29	창법	30	결심	31	기본	32	도안
33	재택	34	선곡	35	경치	36	넓을 광
37	거느릴 령	38	뜰 정	39	잎 엽	40	빠를 속
41	기다릴 대	42	날랠 용	43	섬 도	44	기름 유
45	낮 주	46	가까울 근	47	다툴 경	48	손 객
49	가벼울 경	50	법 전	51	얼음 빙	52	헤아릴 료
53	빛 색	54	아름다울 미	55	재주 기	56	근심 환
57	일할 로	58	견줄 비	59	交代	60	世界
61	民族	62	體育	63	兄弟	64	活動
65	食事	66	朝夕	67	近來	68	午前
69	日記	70	入場	71	南部	72	窓門
73	山林	74	題	75	業	76	神
77	注	78	綠	79	今	80	海
81	樂	82	⑤	83	①	84	⑥
85	③	86	⑥	87	①	88	④
89	③	90	⑨	91	④	92	⑤
93	②	94	⑦	95	気	96	㐌
97	数	98	③	99	③	100	⑨

해설

02 短調(단조)▸(짧을 단)(고를 조)
: 단음계(短音階)로 된 곡조.
→ 여기에서 '調'자는 '곡조(曲調)'를 뜻합니다.

03 船橋(선교)▸(배 선)(다리 교) : 배다리.

09 放任(방임)▸(놓을 방)(맡길 임)
: 돌보거나 간섭하지 아니하고 제멋대로 내버려 둠.

14 號令(호령)▸(이름 호)(하여금 령) : ① 부하나 동물 따위를 지휘하여 명령함. ② 구령(口令).

16 牛角(우각)▸(소 우)(뿔 각) : 쇠뿔. 소의 뿔.

17 良質(양질)▸(어질 량)(바탕 질)
: 좋은 바탕이나 품질.
→ '良'자의 본음은 '량'이나 두음법칙에 의해 '양'으로 적습니다.

19 惡熱(오열)▸(미워할 오)(더울 열)
: 열이 나면서 더운 것을 싫어하는 증상.
→ '惡'자는 쓰임에 따라 뜻과 소리가 달라지는 글자입니다.
참 惡 (악할 악, 미워할 오)

26 切開(절개)▸(끊을 절)(열 개)
: 치료를 위하여 몸의 일부를 째어서 엶.
→ '切'자는 쓰임에 따라 뜻과 소리가 달라지는 글자입니다.
참 切 (끊을 절, 온통 체)

33 在宅(재택)▸(있을 재)(집 택)
: '재택근무(在宅勤務)'의 준말로, 집에 회사와 연결된 정보 통신 기기를 설치하여 놓고 회사의 업무를 보는 일.

56 '患(근심 환)'자는 '忠(충성 충)'자와 서로 모양이 비슷하여 혼동하기 쉬운 글자입니다.

59 交代(교대)▸(사귈 교)(대신할 대)
: 여럿이 나누어서 차례에 따라 맡아 함.
→ 여기에서 '代'자는 '번갈아 듦'을 뜻합니다.

66 朝夕(조석)▸(아침 조)(저녁 석)
→ 서로 뜻이 상대되는 한자로 결합된 한자어입니다. '朝'자와 서로 뜻이 상대되는 한자는 '夕'자 이외에 '野(들 야)'자도 있습니다.

70 入場(입장)▸(들 입)(마당 장)
: 회의장이나 경기장 따위의 장내(場內)로 들어가는 것.
→ '入場'은 '처지(處地)'를 뜻하는 '입장(立場)'과 혼동하기 쉬우니 주의해야 합니다.

92 凶漢(흉한)▸(흉할 흉)(한수 한)
: 악독한 짓을 하는 사람.
→ 여기에서 '漢'자는 '惡漢(악한), 老漢(노한), 怪漢(괴한)' 등의 한자어에 쓰인 뜻과 같이 '사나이, 사내'를 뜻합니다.

93 六感(육감)▸(여섯 륙)(느낄 감)
: '눈, 귀, 코, 혀, 피부' 즉, 다섯 가지 감각 기관으로는 느낄 수 없다고 생각되는 감각. 제육감(第六感). [사물의 본질을 직감적으로 포착하는 심리 작용]
→ '육체가 느끼는 감각'을 뜻하는 '육감(肉感)'과는 그 쓰임이 다르므로 주의해야 합니다.

98 弱(약할 약 : 총10획)
▸ 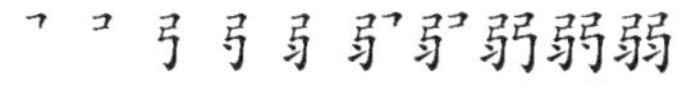

99 樂(즐길 락 : 총15획)
▸ 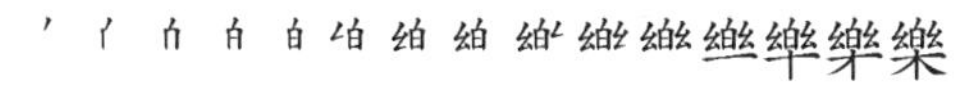

100 醫(의원 의 : 총18획)
▸ 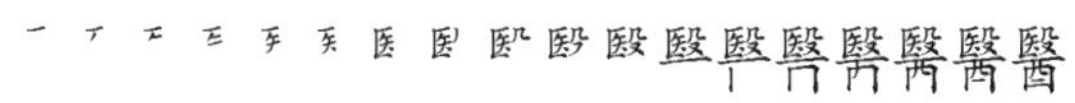

15회 예상문제　95쪽~98쪽

01	전시	02	아동	03	노사	04	가결
05	상품	06	국량	07	세말	08	조절
09	독립	10	기대	11	대기	12	축복
13	애중	14	가격	15	과열	16	악재
17	풍화	18	환자	19	어유	20	연습
21	물건	22	종류	23	효과	24	병원
25	배가	26	질적	27	망조	28	필사
29	무근	30	관객	31	재활	32	실비
33	주야	34	생산	35	매점	36	구름 운
37	숯 탄	38	쌓을 저	39	책상 안	40	갖출 구
41	알 식	42	클 위	43	나그네 려	44	능할 능
45	반드시 필	46	굳셀 건	47	도읍 도	48	빛날 요
49	묶을 속	50	으뜸 원	51	다툴 쟁	52	성품 성
53	잡을 조	54	마칠 졸	55	배 선	56	널 판
57	호수 호	58	곧을 직	59	來年	60	計算
61	孝行	62	中間	63	地圖	64	教育
65	白頭	66	午後	67	運動	68	海洋
69	形式	70	花草	71	多數	72	軍歌
73	野外	74	第	75	禮	76	省
77	電	78	飲	79	今	80	山
81	自	82	⑥	83	④	84	⑧
85	③	86	①	87	④	88	⑥
89	⑦	90	③	91	⑨	92	③
93	⑥	94	①	95	発	96	医
97	薬	98	⑤	99	⑤	100	⑧

해설

04 可決(가결)▶(옳을 가)(결단할 결) : (회의에서) 제출된 의안을 좋다고 인정하여 결정함.
→ 여기에서 '可'자는 '옳거나 좋음, 또는 찬성하는 의사 표시'를 뜻합니다.

06 局量(국량)▶(판 국)(헤아릴 량)
: 남의 잘못을 이해하고 감싸주며 일을 능히 처리하는 힘. 국도(局度).

07 歲末(세말)▶(해 세)(끝 말)
: 세밑. 한 해가 끝날 무렵.

11 大氣(대기)▶(큰 대)(기운 기)
: '공기(空氣)'를 달리 이르는 말.

13 愛重(애중)▶(사랑 애)(무거울 중)
: 사랑하고 소중히 함. 愛之重之(애지중지).

15 過熱(과열)▶(지날 과)(더울 열)
: ① 지나치게 뜨거워짐. ② 경기(競技)나 선거(選擧) 따위에서의 경쟁이 지나치게 치열해짐.

16 惡材(악재)▶(악할 악)(재목 재)
: (증권 거래소 따위에서) 시세를 하락시키는 원인이 되는 나쁜 조건.
→ '惡'자는 쓰임에 따라 뜻과 소리가 달라지는 글자입니다. 🔷 惡(악할 악, 미워할 오)

17 風化(풍화)▶(바람 풍)(될 화)
: ①교육이나 정치의 힘으로 풍습을 잘 교화하는 일. ② 지표의 암석이 공기·물·온도 따위의 작용으로 차츰 부서지는 현상. 풍화작용(風化作用).

19 魚油(어유)▶(고기 어)(기름 유)
: 물고기에서 짜낸 기름.

20 練習(연습)▶(익힐 련)(익힐 습)
: 학문이나 기예 따위를 익숙하도록 익힘.

→ '練'자의 본음은 '련'이나 여기에서는 두음법칙에 의해 '연'으로 읽고 적습니다.

25 倍加(배가)▶(곱   배)(더할 가)
: 갑절로 늘어남 또는 그렇게 늘림.
→ 여기에서 '倍'자의 '곱'은 '같은 수량이나 분량이 그 수만큼 거듭됨'을 뜻합니다.

26 質的(질적)▶(바탕 질)(과녁 적)
: 사물의 속성, 가치, 내용이나 본질에 관계되는 것.
→ 여기에서 '的'자는 '(일부 명사 뒤에 붙어서) 그 성격을 띠는, 그에 관계된, 그 상태로 된'의 뜻을 더하는 접미사입니다.

27 亡朝(망조)▶(망할 망)(아침 조)
: 망하여 없어진 왕조(王朝).

29 無根(무근)▶(없을 무)(뿌리 근)
: '無根하다'의 어근으로, '뿌리가 없다 또는 근거가 없다.'의 뜻으로 쓰이는 말.

41 '識(알 식, 기록할 지)'자는 쓰임에 따라 뜻과 소리가 달라지는 글자입니다.
참 知識(지식), 標識(표지)

69 形式(형식)▶(모양 형)(법   식)
: ① 사물이 겉으로 드러나 보이는 모양. ② 일정한 절차(節次)나 양식.

71 多數(다수)▶(많을 다)(셈   수)
: 수효(數爻)가 많음.

93 耳順(이순)▶(귀   이)(순할 순) : '생각하는 것이 원만하여 어떤 일을 들으면 모든 것이 순리대로 이해가 된다.'는 뜻에서, 나이 '예순'을 이르는 말.

98 交(사귈 교 : 총 6획)▶ ﹑ 亠 六 六 交 交

99 成(이룰 성 : 총 7획)▶ ㇏ 厂 厂 成 成 成 成

100 術(재주 술 : 총11획)
▶ ㇒ ㇒ 彳 彳 术 朮 术 徐 徐 術 術 術

해설

01	경쟁	02	사병	03	어선	04	요건
05	경관	06	서곡	07	세차	08	주변
09	품위	10	고안	11	신선	12	지적
13	참석	14	강조	15	구식	16	덕망
17	무료	18	숙원	19	재창	20	급식
21	비등	22	특허	23	규약	24	매매
25	사본	26	재해	27	책임	28	승패
29	재산	30	절실	31	충당	32	선거
33	단속	34	고전	35	정지	36	완전할 완
37	빛날 요	38	소 우	39	빌 축	40	숯 탄
41	무리 류	42	붉을 적	43	쇠 철	44	관계할 관
45	다를 타	46	본받을 효	47	찰 랭	48	곱 배
49	쓸 비	50	단 단	51	섬 도	52	널 판
53	세울 건	54	허물 죄	55	호수 호	56	생각 념
57	얼음 빙	58	목욕할 욕	59	晝夜	60	野外
61	所聞	62	石油	63	發行	64	放電
65	海洋	66	溫水	67	親交	68	公園
69	成果	70	多感	71	失業	72	通路
73	有利	74	半	75	孫	76	和
77	頭	78	目	79	白	80	功
81	合	82	⑥	83	①	84	④
85	⑦	86	③	87	⑥	88	②
89	⑦, ⑩	90	②, ⑫	91	④, ⑤	92	⑨
93	④	94	②	95	医	96	号
97	図	98	⑥	99	⑦	100	⑦

04 要件(요건)▶(요긴할 요)(물건 건)
: ① 긴요한 일이나 안건. ② 필요한 조건.
→ 여기에서 '件'자는 '안건(案件)이나 조건(條件)'을 뜻합니다.

06 序曲(서곡)▶(차례 서)(굽을 곡) : ① 막을 열기 전이나 주요한 부분을 시작하기 전에 연주하는 기악곡. ② 어떤 일의 시초를 비유하여 이르는 말. → 여기에서 '序'자는 '실마리, 단서(端緖)'를 뜻하고, '曲'자는 '가락, 악곡(樂曲)'을 뜻합니다.

10 考案(고안)▶(생각할 고)(생각 안)
: 연구하여 새로운 안을 생각해 냄.
→ 여기에서 '案'자는 '생각이나 계획'을 뜻합니다.

11 新鮮(신선)하다▶(새 신)(고울 선) : ① 새롭고 산뜻하다. ② 채소나 과일, 생선 따위가 싱싱하다.
→ 여기에서 '鮮'자는 '새롭다, 싱싱하다'를 뜻합니다.

12 知的(지적)▶(알 지)(과녁 적)
: 지식이나 지성에 관한 또는 그런 것.
→ 여기에서 '的'자는 '관형사 또는 명사를 만드는 접미사'를 뜻합니다.

17 無料(무료)▶(없을 무)(헤아릴 료)
: ① 요금이 없음. ② 급료가 없음.
→ 여기에서 '料'자는 '삯, 값'을 뜻합니다.

18 宿願(숙원)▶(잘 숙)(원할 원)
: 오래전부터 품어 온 염원이나 소망.
→ 여기에서 '宿'자는 '본디, 오래다'를 뜻합니다.

21 比等(비등)하다▶ (견줄 비)(무리 등)
: 비교하여 볼 때 서로 비슷하다.
→ 여기에서 '等'자는 '가지런하다, 같다'를 뜻합니다.

23 規約(규약)▶ (법　규)(맺을 약) : (조직체 안에서) 서로 지키도록 정하여 놓은 규칙.
→ 여기에서 '等'자는 '얽매다, 구속하다'를 뜻합니다.

30 切實(절실)하다▶ (끊을 절)(열매 실)
: ① 매우 시급하고도 긴요한 상태에 있다. ② 적절하여 실제에 꼭 들어맞다.
→ '切'자는 여기에서 '절'로 읽고 적으며 '적절하다, 절실하다'를 뜻합니다.

34 古典(고전)▶ (예　고)(법　전)
: 오랫동안 모범이 될 만한 문학이나 예술 작품.
→ 여기에서 '典'자는 '책'을 뜻합니다.

64 放電(방전)▶ (놓을 방)(번개 전) : 전기를 띤 물체에서 전기가 외부로 흘러나오는 현상.
→ 여기에서 '放'자는 '흘러나오다'를 뜻합니다.

65 海洋(해양)▶ (바다 해)(큰바다 양) : 넓고 큰 바다.
→ '海'자는 육지가 보이는 바다'를 뜻하고, '洋'자는 '육지가 보이지 않는 바다'를 뜻합니다.

85 '敎學相長(교학상장)'에서 '長'자는 '나아가다, 자라다'를 뜻합니다.

88 京都(경도)▶ (서울 경)(도읍 도) : 서울. 도읍.
→ 여기에서 '都'자는 '서울'을 뜻합니다.

98 書(글　서 : 총10획)
▶ ㄱ ㄱ ㄱ ㅋ 글 글 글 書 書 書

99 窓(창　창 : 총11획)
▶ ` ´ ㅛ ㅛ ㅛ ㅛ ㅛ 窓 窓 窓 窓

100 昨(어제 작 : 총 9획)
▶ l 刀 月 日 旷 昨 昨 昨 昨

02회 기출·예상문제 (139쪽~142쪽)

01	양어	02	친구	03	품질	04	한류
05	가결	06	결과	07	고안	08	도착
09	선거	10	곡조	11	과속	12	요령
13	책임	14	가격	15	민족	16	법전
17	봉사	18	절약	19	어구	20	전기
21	철교	22	특효	23	광판	24	실패
25	재료	26	종류	27	축복	28	감정
29	기술	30	참가	31	필연	32	개량
33	덕성	34	독립	35	역사	36	재앙 재
37	숯 탄	38	베낄 사	39	동산 원	40	가장 최
41	허물 죄	42	모을 집	43	허락할 허	44	공부할 과 / 과정 과
45	착할 선	46	나무 수	47	코 비	
48	해 세	49	빛날 요	50	살필 성 / 덜 생		
51	이길 승	52	부를 창	53	볼 관	54	차례 서
55	씻을 세	56	굳셀 건	57	더울 열	58	이를 치
59	登校	60	運動	61	農村	62	童話
63	每番	64	計算	65	正直	66	植木
67	兄弟	68	午前	69	場所	70	空中
71	敎育	72	道路	73	父母	74	窓
75	晝	76	庭	77	幸	78	信
79	利	80	身	81	答	82	⑦
83	②	84	①	85	⑧	86	①
87	④	88	③	89	②, ⑫	90	④, ⑦
91	⑨, ⑩	92	⑧	93	④	94	③
95	図	96	数	97	区	98	③
99	⑥	100	④				

해설 🎯

05 可決(가결)▶(옳을 가)(결단할 결)
: (회의에서) 제출된 의안을 좋다고 결정함.
→ 여기에서 '可'자는 '옳다'를 뜻합니다.

08 到着(도착)▶(이를 도)(붙을 착)
: 목적한 곳에 다다름.
→ 여기에서 '着'자는 '이르다'를 뜻합니다.

10 曲調(곡조)▶(굽을 곡)(고를 조)
: 음악적 통일을 이루는 음의 연속이나 노랫가락을 세는 단위.

12 要領(요령)▶(요긴할 요)(거느릴 령)
: ① 일을 하는 데 꼭 필요한 묘한 이치. ② 적당히 해 넘기는 잔꾀.
→ 여기에서 '領'자는 '요소, 요점, 중요한 부분'을 뜻합니다.

18 節約(절약)▶(마디 절)(맺을 약)
: 함부로 쓰지 아니하고 꼭 필요한 데에만 써서 아낌.　→ 여기에서 '節'자는 '절약하다'를 뜻하고, '約'자는 '검소하다'를 뜻합니다.

19 漁具(어구)▶(고기잡을 어)(갖출 구)
: 고기잡이에 쓰는 여러 가지 도구.
→ 여기에서 '具'자는 '그릇, 연장'을 뜻합니다.

22 特效(특효)▶(특별할 특)(본받을 효)
: 특별한 효험(效驗).
→ 여기에서 '效'자는 '효용(效用), 증험하다'를 뜻합니다.
→ '效'자는 이체자(異體字 : 쓰임은 같으나 모양이 다른 글자)로 '効'자가 있습니다. '效'자가 정자(正字)이고, '効'자는 속자(俗字)입니다.

23 廣板(광판)▶(넓을 광)(널　판)
: 폭이 넓은 판자(板子).

25 材料(재료)▶(재목 재)(헤아릴 료)
: ① 물건을 만드는 데 들어가는 감. ② 어떤 일을 하기 위한 거리.
→ 여기에서 '料'자는 '거리, 감'을 뜻합니다.

30 參加(참가)▶(참여할 참)(더할 가)
: 모임이나 단체 또는 일에 관계하여 들어감.
→ 여기에서 '加'자는 '들다, 가입하다'를 뜻합니다.

32 改良(개량)▶(고칠 개)(어질 량)
: 나쁜 점을 보완하여 더 좋게 고침.
→ 여기에서 '良'자는 '좋다, 좋게 하다'를 뜻합니다.

35 歷史(역사)▶(지날 력)(사기 사)
: 인류 사회의 변천과 흥망의 과정 또는 그 기록.
→ 여기에서 '史'자는 '사기(史記 : 역사적 사실을 기록함)'을 뜻합니다.

59 登校(등교)▶(오를 등)(학교 교)
: 학생이 학교에 감.
→ 여기에서 '登'자는 '나가다'를 뜻합니다.
→ 예전에는 학교가 언덕 위에 있었기 때문에 '학교에 가는 것'을 '학교에 오르다'고 표현하였습니다. 이러한 까닭에 '공부를 마치고 집으로 돌아오는 것'을 '하교(下校)'라고 하는 것입니다.

68 午前(오전)▶(낮　오)(앞　전)
: 밤 열두 시부터 낮 열두 시까지의 시간.
→ 여기에서 '午'자는 '오시(午時 : 오전 11시~오후 1시)'를 뜻합니다.

70 空中(공중)▶(빌　공)(가운데 중)
: 하늘과 땅 사이의 빈 곳.
→ 여기에서 '空'자는 '하늘, 공중'을 뜻합니다.

98 平(평평할 평 : 총5획)▶一 ㄒ 丏 丏 平

99 衣(옷　　의 : 총6획)▶丶 一 ナ 才 衣 衣

100 北(북녘　북 : 총5획)▶丨 ㅣ ㅑ 圵 北

03회 기출·예상문제 143쪽~146쪽

 해설

01	염원	02	덕담	03	상품	04	빙하
05	고안	06	단속	07	요건	08	전시
09	한해	10	양육	11	실효	12	우정
13	육교	14	당초	15	소화	16	어선
17	낙선	18	독창	19	세련	20	수도
21	타개	22	가열	23	매점	24	경쟁
25	완결	26	감지	27	경관	28	고착
29	사본	30	가격	31	교탁	32	과로
33	선량	34	최종	35	원칙	36	물끓는김 기
37	쇠 철	38	나그네 려	39	붉을 적	40	그칠 지
41	귀할 귀	42	망할 망	43	밝을 랑	44	병사 병
45	잎 엽	46	빌 축	47	신선 선	48	집 옥
49	쌓을 저	50	몸 기	51	법 전	52	검을 흑
53	법 규	54	섬 도	55	판 국	56	수컷 웅
57	채울 충	58	숯 탄	59	合班	60	集計
61	同等	62	分家	63	注油	64	勝算
65	向上	66	多讀	67	出身	68	方面
69	失手	70	信用	71	和平	72	孝子
73	夕陽	74	頭	75	朝	76	速
77	太	78	新	79	有	80	成 / 勝
81	果	82	②	83	⑥	84	⑧
85	④	86	③	87	⑤	88	②
89	②, ⑫	90	③, ⑧	91	①, ⑪	92	④
93	⑥	94	②	95	区	96	薬
97	号	98	⑩	99	⑨	100	⑨

01 念願(염원)▶(생각 념)(원할 원)
: 마음에 간절히 생각하고 기원함.
→ '念'자는 본음이 '념'이나 두음법칙에 따라 '염'으로 읽고 적습니다. 참 13. 陸橋 17. 落選

02 德談(덕담)▶(큰   덕)(말씀 담)
: (주로 새해에) 남이 잘되기를 비는 말.

04 氷河(빙하)▶(얼음 빙)(물   하)
→ '氷'자는 서체에 따라 '冰'으로 쓰기도 합니다.

05 考案(고안)▶(생각할 고)(책상 안)
: 연구하여 새로운 안을 생각해 냄.
→ '案'자는 여기에서 '생각하다'를 뜻합니다.

07 要件(요건)▶(요긴할 요)(물건 건)
: ① 긴요한 일이나 안건. ② 필요한 조건.
→ '件'자는 여기에서 '안건, 조건'을 뜻합니다.

14 當初(당초)▶(마땅 당)(처음 초)
: 일이 생기기 시작한 처음.
→ '當'자는 여기에서 '이, 그'를 뜻합니다.

27 景觀(경관)▶(볕 경)(볼 관)
: 자연이나 지역의 풍경. 아름다운 경치.
→ '觀'자는 여기에서 '경치, 모습'을 뜻합니다.

32 過勞(과로)▶(지날 과)(일할 로)
: 몸이 고달플 정도로 지나치게 일함.

35 原則(원칙)▶(언덕 원)(법칙 칙)
: 기본적인 규칙이나 법칙.
→ '原'자는 '근본, 근원'을 뜻하고, '則'자는 뜻에 따라 '즉' 또는 '칙'으로 읽고 적습니다.

38 '旅(나그네 려)'자는 '族(겨레 족)'자와 모양이 비슷하여 혼동하기 쉬운 글자입니다.

39 '赤(붉을 적)'자는 '亦(또 역)'자와 모양이 비슷하여 혼동하기 쉬운 글자입니다.

50 '己(몸 기)'자는 '已(이미 이)', '巳(뱀 사)'자 등과 모양이 비슷하여 혼동하기 쉬운 글자입니다.

54 '島(섬 도)'자는 '鳥(새 조)'자와 모양이 비슷하여 혼동하기 쉬운 글자입니다.

62 分家(분가)▶(나눌 분)(집 가)
：가족의 한 구성원이 살림을 차려 따로 나감.

71 和平(화평)▶(화할 화)(평평할 평)
：① 화목하고 평온함. ② 나라 사이가 화목하고 평화스러움.

81 因果(인과)▶(인할 인)(실과 과)
：원인(原因)과 결과(結果).

87 改變(개변)▶(고칠 개)(변할 변)
：① 근본적으로 바꾸거나 발전적인 방향으로 고쳐 바꿈. ② 생각 따위를 고쳐 바꿈.

88 凶惡(흉악)▶(흉할 흉)(악할 악)
：① 성질이 악하고 모짊. ② 모습이 보기에 언짢을 만큼 고약함.

98 理(다스릴 리 : 玉부 총11획)
▶ 一 二 丁 王 玎 玑 玾 玾 珇 理 理 理
→ '理'자는 부수가 '玉(구슬 옥)'자이나 글자 속에서는 'ヽ'가 생략되어 쓰입니다.

99 部(떼　부 : 邑부 총11획)
▶ 一 二 亠 亠 立 立 咅 咅 咅 部 部
→ '部'자는 부수가 '邑(고을 읍)'자이나 글자 속에서는 'ß'와 같은 모양으로 변하여 쓰입니다.

100 軍(군사　군 : 車부 총 9획)
▶ 一 冖 冖 宣 宣 宣 軍 軍 軍
→ 'ㅣ'처럼 뚫고 지나는 획은 맨 나중에 씁니다.

04회 기출·예상문제 (147쪽~150쪽)

01	최고	02	서점	03	세월	04	상선
05	관광	06	아동	07	말기	08	숙원
09	구급	10	여정	11	재해	12	상담
13	구옥	14	참가	15	과거	16	허가
17	도매	18	건립	19	성질	20	본댁
21	성공	22	시종	23	오한	24	조작
25	부당	26	온순	27	축복	28	필승
29	영웅	30	책망	31	운하	32	고발
33	사고	34	실패	35	무효	36	차례 서
37	굳을 고	38	호수 호	39	줄 급	40	가벼울 경
41	큰 덕	42	변할 변	43	억 억	44	살필 성
45	맑을 청	46	값 가	47	법 규	48	집 원
49	더울 열	50	거느릴 령	51	베낄 사	52	빛날 요
53	채울 충	54	생각 념	55	기다릴 대	56	조사할 사
57	믿을 신	58	높을 탁	59	校門	60	交通
61	計算	62	午前	63	農村	64	植木
65	角度	66	道路	67	姓名	68	正直
69	每日	70	自然	71	主人	72	放心
73	父母	74	堂	75	根	76	黃
77	部	78	服	79	苦	80	弟
81	朝	82	⑥	83	⑤	84	⑧
85	③	86	②	87	③	88	⑤
89	④, ⑨	90	②, ⑩	91	⑦, ⑫	92	①
93	⑨	94	⑤	95	医	96	戰
97	国	98	⑦	99	④	100	③

해설

01 最高(최고)▶(가장 최)(높을 고)
: ① 가장 높음. ② 으뜸인 것.
참 最古(최고) : 가장 오래됨.

05 觀光(관광)▶(볼　관)(빛　광)
: 풍경, 풍습, 문물 따위를 구경함.
→ '觀'자와 '光'자는 여기에서 '경치, 모습'을 뜻합니다.

07 末期(말기)▶(끝　말)(기약할 기)
: 정해진 기간이나 일의 끝이 되는 때나 시기.
→ '末'자는 '未(아닐 미)'자와 모양이 비슷하여 혼동하기 쉬운 글자입니다.

08 宿願(숙원)▶(잘　숙)(원할 원)
: 오래전부터 품어 온 염원(念願)이나 소망(所望).

10 旅情(여정)▶(나그네 려)(뜻　정)
: 여행할 때 느끼게 되는 외로움이나 시름 따위의 감정.

14 參加(참가)▶(참여할 참)(더할 가)
: 모임이나 단체 또는 일에 관계하여 들어감.
→ '加'자는 여기에서 '들다'를 뜻합니다.

16 許可(허가)▶(허락할 허)(옳을 가)
: 행동이나 일을 하도록 허용함.
→ '可'자는 여기에서 '허가하다'를 뜻합니다.

20 本宅(본댁)▶(근본 본)(집　댁)
: 따로 나와 사는 사람이, 가족들이 사는 중심이 되는 집을 가리키는 말.
→ '宅'자는 쓰임에 따라 '택' 또는 '댁'으로 읽고 적습니다. 보통 '집'을 뜻할 때에는 '택'으로 읽고, '남의 집안'을 높여서 이를 때에는 '댁'으로 읽습니다.

23 惡寒(오한)▶(미워할 오)(찰　한)
: 몸이 오슬오슬 춥고 떨리는 증상.
→ '惡'자는 뜻에 따라 '악' 또는 '오'로 읽고 적습니다. 참 惡(악할 악, 미워할 오)

25 不當(부당)▶(아닐 불/부)(마땅 당)
: 이치에 맞지 아니함.
→ '不'자는 'ㄷ'이나 'ㅈ'으로 시작하는 말 앞에서는 '부'로 읽고 적습니다.

59 校門(교문)▶(학교 교)(문　문) : 학교의 문.
참 敎文(교문) : ① 임금이 내리던 글. ② 교회(敎會)의 문.

72 放心(방심)▶(놓을 방)(마음 심)
: 마음을 다잡지 아니하고 풀어 놓아 버림.

79 苦樂(고락)▶(쓸　고)(즐길 락)
: 괴로움과 즐거움.

81 朝夕(조석)▶(아침 조)(저녁 석)
→ '朝'자와 서로 뜻이 상대되는 한자는 '夕'자 이외에 '野(들 야)'자도 있습니다.
참 朝野(조야) : 조정(朝廷)과 민간(民間).

83 格物致知(격물치지)
▶(격식 격)(물건 물)(이를 치)(알　지)
→ 『대학(大學)』에 나오는 말로, '사물에 대하여 깊이 연구하여[格物] 지식을 넓히는 것[致知]'을 뜻합니다.

86 果實(과실)▶(실과 과)(열매 실) : 과일. 열매.
참 過失(과실) : 잘못이나 허물.

98 風(바람 풍 : 風부 총9획)
▶ ノ 几 几 凡 凤 凤 風 風 風

99 別(다를 별 : 刀부 총7획) ▶ ﾉ 口 口 号 另 別 別

100 形(모양 형 : 彡부 총7획) ▶ 一 二 チ 开 开 形 形

05회 기출·예상문제
151쪽~154쪽

해설

01	감정	02	촌락	03	재산	04	졸업
05	개량	06	탁견	07	역사	08	유례
09	야생	10	경치	11	빙판	12	최초
13	광고	14	도착	15	병원	16	곡절
17	실격	18	냉대	19	유료	20	재건
21	품위	22	안타	23	열창	24	특효
25	명랑	26	옥외	27	책임	28	요망
29	정지	30	지식	31	성능	32	관객
33	단결	34	고사	35	무선	36	흐를 류
37	찰 한	38	근심 환	39	굳셀 건	40	관계할 관
41	터 기	42	일할 로	43	마칠 종	44	맺을 약
45	다툴 쟁	46	씨 종	47	코 비	48	허물 죄
49	푸를 록	50	법 전	51	구원할 구	52	잡을 조
53	붓 필	54	아침 조	55	귀할 귀	56	들 거
57	검을 흑	58	클 위	59	手足	60	活動
61	來年	62	溫度	63	親近	64	地球
65	和合	66	時間	67	草木	68	長短
69	便利	70	西風	71	出席	72	老少
73	住民	74	神	75	油	76	根
77	勝	78	庭	79	答	80	新
81	小	82	④	83	①	84	②
85	⑥	86	③	87	⑤	88	②
89	⑤, ⑪	90	③, ⑦	91	⑩, ⑫	92	물을 공급함
93	여럿이 함께함			94	높은 가락	95	発
96	学	97	画	98	⑤	99	⑦
100	⑤						

02 村落(촌락)▶(마을 촌)(떨어질 락)
: 마을. 시골의 작은 마을.
→ '落'자는 여기에서 '마을'을 뜻합니다.
참 部落(부락) : 마을

05 改良(개량)▶(고칠 개)(어질 량)
: 나쁜 점을 보완하여 더 좋게 고침.
→ '良'자는 여기에서 '좋다'를 뜻합니다.

06 卓見(탁견)▶(높을 탁)(볼   견)
: 두드러진 의견이나 견해. 뛰어난 의견.
→ '見'자는 여기에서 '의견(意見)'을 뜻합니다.

07 歷史(역사)▶(지날 력)(사기 사)
: 인류 사회의 변천과 흥망의 과정 또는 그 기록.
→ '歷'자는 본음이 '력'이나 두음법칙에 따라 '역'으로 읽고 적습니다. 참 08. 類例 18. 冷待

08 類例(유례)▶(무리 류)(법식 례)
: 같거나 비슷한 예.

10 景致(경치)▶(볕   경)(이를 치)
: 자연이나 지역의 모습.
→ '致'자는 여기에서 '풍치(風致), 경치(景致)'를 뜻합니다.

16 曲切(곡절)하다▶(굽을 곡)(끊을 절)
: 곡진(曲盡)하다. 매우 정성스럽다.
→ '曲'자는 여기에서 '간곡하다'를 뜻하고, '切'자는 '정성스럽다'를 뜻합니다.

17 失格(실격)▶(잃을 실)(격식 격)
: ① 격식에 맞지 아니함. ② 자격을 잃음.

18 冷待(냉대)▶(찰   랭)(기다릴 대) : 푸대접.
→ '待'자는 여기에서 '대접하다, 대우하다'를 뜻합니다.

19 有料(유료)▶(있을 유)(헤아릴 료)
: 요금을 내게 되어 있음.
→ '料'자는 여기에서 '삯, 값'을 뜻합니다.

28 要望(요망)▶(요긴할 요)(바랄 망)
: 어떤 희망이나 기대가 꼭 이루어지기를 간절히 바람.

34 考査(고사)▶(생각할 고)(조사할 사)
: ① 자세히 생각하고 조사함. ② 학생들의 학업 성적을 평가하는 시험.
→ '考'자는 여기에서 '시험하다'를 뜻합니다.

49 '綠(푸를 록)'자는 '緣(인연 연)'자와 모양이 비슷하여 혼동하기 쉬운 글자입니다.

63 親近(친근)하다▶(친할 친)(가까울 근)
: 사귀어 지내는 사이가 아주 가까움.

65 和合(화합)▶(화할 화)(합할 합)
: 화목하게 어울림.

72 男女老少(남녀노소)
▶(사내 남)(계집 녀)(늙을 로)(젊을 소)
→ '男女(남녀)'와 '老少(노소)'가 결합한 합성어로, 뒷말의 첫소리는 두음법칙에 따라 읽고 적습니다.

94 高調(고조)▶(높을 고)(고를 조)
→ '調'자는 여기에서 '가락'을 뜻합니다.

98 交(사귈 교 : 亠부 총6획)
▶ 丶 亠 六 六 亣 交

99 食(먹을 식 : 食부 총9획)
▶ 丿 人 𠆢 今 今 仐 食 食 食

100 成(이룰 성 : 戈부 총7획)
▶ 丿 厂 厂 万 成 成 成

• 인 쇄 · 2024년 2월 5일
• 발 행 · 2024년 2월 10일

• 엮은이 · 원 기 춘
• 발행인 · 최 현 동
• 발행처 · 신 지 원

저자와의
협의하에
인지생략

• 주 소 · 07532
  서울특별시 강서구 양천로 551-17, 813호(가양동, 한화비즈메트로 1차)

• T E L · (02) 2013-8080~1
  F A X · (02) 2013-8090
• 등 록 · 제16-1242호
• 교재구입문의 · (02) 2013-8080~1

정가 15,000원

ISBN 979-11-6633-396-5 15710